Franz Hermann Frölich

Geschichte des königl. sächs. Sanitätskorps

Franz Hermann Frölich
Geschichte des königl. sächs. Sanitätskorps
ISBN/EAN: 9783743396661
Hergestellt in Europa, USA, Kanada, Australien, Japan
Cover: Foto ©ninafisch / pixelio.de

Manufactured and distributed by brebook publishing software (www.brebook.com)

Franz Hermann Frölich

Geschichte des königl. sächs. Sanitätskorps

GESCHICHTE

DES

KÖNIGL. SÄCHS. SANITÄTSKORPS

VON

Dr. HERMANN FRÖLICH,
KÖNIGL. SÄCHS. OBERSTABSARZT I. KLASSE.

LEIPZIG,
VERLAG VON F. C. W. VOGEL.
1888.

Inhaltsverzeichniss.

	Seite
Einleitung .	1
15. Jahrhundert	1
16. Jahrhundert	3
Anfänge einer Militärsanitätsverfassung	3
Rekrutirung	7
Rothes Kreuz	9
17. Jahrhundert	10
Militärische Einrichtungen und Ereignisse	10
Feldsanitätsdienst	14
Garnison-Krankenverpflegung	15
Stellung des Sanitäts-Personals	16
18. Jahrhundert	20
Militärische Ereignisse und Feldsanitätsdienst	20
Verbandplatz 1741	21
Krankendienst im Feldzuge 1793—1796 . .	24
Garnison-Krankenverpflegung	33
Gewinnung und wissenschaftliche Erziehung des Sanitäts-Personals	38
Collegium medico-chirurgicum	39
Stellung des Sanitäts-Personals	42
19. Jahrhundert. Erste Hälfte	48
Militärische Ereignisse und Feldsanitätsdienst	48
Rekrutirung . . . . 49 u.	81
Krankendienst im Feldzuge 1812—1813	50
Schlacht bei Leipzig	64
Typhus in Sachsen	73
Krankendienst im Dresdner Aufstande	81
Krankenstatistik	84
Krankenverpflegung	86
Ergänzung und wissenschaftliche Erziehung des Sanitäts-Personals	89
Chirurgisch-medicinische Akademie	90
Stellung des Sanitäts-Personals	97

	Seite
19. Jahrhundert. Zweite Hälfte	106
Militärische Ereignisse und Feldsanitätsdienst	106
Rekrutirung	106 u. 115
Krankendienst in Holstein 1864	109
Krankendienst in Oesterreich 1866	109
Freiwilliger Krankendienst (Albert-Verein)	113
Krankendienst in Frankreich 1870—1871	115 u. 122
Krankenverpflegung	132
Ergänzung und wissenschaftliche Erziehung des Sanitäts-Personals	133
Fortbildungscurse	136
Stellung des Sanitäts-Personals	137
Wort-Register	143
Namen-Register	145

EINLEITUNG.

Ueber die mittelalterliche Zeit, welche die Sanitätsverfassung im sächsischen Heere vorbereitet hat, ist nur äusserst wenig bekannt. Es darf indess angenommen werden, dass die Zustände, welche in jenen Jahrhunderten das Gebiet des Kriegs- und Heilwesens allenthalben gekennzeichnet haben, in Sachsen ganz ähnliche gewesen sind: Ueberall lag im Mittelalter die wissenschaftlich-systematische Seite der Kriegsführung darnieder, und viel mehr war es die rohe Körpergewalt, als der geistvoll durchdachte Plan von heute, welche den Wandlungsprozess der politischen Völkergeschicke beeinflusste.

In diesem regellosen Kriegstreiben jener Zeit, wo das Stöhnen der Verwundeten unter den rauschenden Fanfaren wilden Triumphes und unter den schweren Schritten des ländererschütternden Schicksales eindruckslos verhallte, fand der aus dem Alterthume herübergewehte Samen einer militärischen Medicinalorganisation keinen befruchtenden Boden; er verkümmerte; und wie schon Jahrtausende vorher waren es die Krieger selbst, welche ihren verwundeten Kameraden, so gut sie es vermochten, ersehnten Beistand leisteten. In der Hand des einfachen Kriegers begann die Kriegsheilkunst ihren Kulturlauf.

15. Jahrhundert.

Der Entstehung eines militärärztlichen Berufs[1]) setzte der Mangel an stehenden Heeren das stärkste Hinderniss entgegen. Auch in Sachsen gab es noch kein stehendes Friedensheer. Nachdem schon im 14. Jahrhundert das Lehnswesen in seinen Grundvesten zusammengebrochen war, bediente man sich in Sachsen, besonders zu auswärtigen Kriegen, ermietheter Landsknechte und Söldner, welche bezahlt wurden und denen man die Erlaubniss gab, Beute zu machen und Lösegeld für die etwa Gefangenen zu fordern. Nach beendigtem Kriege aber wurden sie wieder entlassen.

---

1) Allgemeines über den damaligen Stand der Aerzte vgl. in Baas Grundriss der Geschichte der Medicin. Stuttgart 1876 (S. 259 u. ff.).

Auch den Gemeinden lag die Verpflichtung zur Heeresfolge ob; und ist es in dieser Beziehung für die Art der damaligen Kriegsvorbereitungen bezeichnend, dass der Rath zu Dresden in einem Schreiben vom 16. Juli 1450 die Kurfürstin Margaretha bat, die Stadt von der Verpflichtung zur Heeresfolge für diesmal zu entbinden, nachdem befohlen worden war, dass sich die Bewohner „mit harnasch vnd andern toglichin wehren, mit buchsen, steinen vnd puluer" rüsten sollten.

Zusammengehalten mit einer Verfügung des Kurfürsten Friedrich II. vom 20. December 1450 an die Stadt Dresden „darzcu buchsen, puluer, steyne, armbroste, pfyle vnd ander nottorftige wehren bie uch brenget" geben diese Anordnungen ein Bild von der damaligen Bewaffnungsweise. Wie schon lange vorher (ein Verzeichniss von 1385 theilt bereits die Leipziger Schützen in Armbrust- und Büchsen-Schützen ein), so fanden auch noch lange darauf Pfeile und Schiesspulver gleichzeitig kriegerische Verwendung.

In derselben systemlosen Weise, wie man Leute zum Kriege sammelte, verschaffte man sich auch heilkundige Männer und Krankenwärter, und man warb zuerst und am liebsten diejenigen, welche in der Nähe ihren Wohnsitz hatten, für den augenblicklichen Bedarf.

Ein treffliches Beispiel hierfür liefert das Kgl. Haupt-Staatsarchiv zu Dresden (cop. 46 fol. 31), nach dessen Originale die Kämmereirechnung von 1450 unter den Ausgaben der Heerfahrt folgende zu verzeichnen hat: „II β[1]) XLVIII gr. gegeben eyner frauwen von Geraw, bie der die wunden gelegen hatten in der herbrige, vor koste, brot, das man zcu er genommen hatte in das her. wenne die selbigen wunden wurden vor Geraw wund vnde etliche storben ouch do solbist. — Item III β XX gr. gegeben meister Hannse deme arzte von Geraw, der Herdan vnde Hannus Gebuwer gebunden vnde sust zcwene gebunden hatte, die nu vor Geraw wund wurden."

Die ersten Träger des militärischen Heilberufes waren — invita Minerva — Handwerker; und ähnlich wie die Artillerie sich aus der Büchsenmacherzunft zur Waffe emporgeschwungen hat, so führt das heutige Sanitäts-Korps seine Abstammung auf die seit dem 12. Jahrhundert als Heilkundige auftauchenden Bader und Barbiere zurück. Und so begleitete laut Dresdner Rathsarchiv die landesherrliche Heerfahrt[2]) nach Plauen noch im Jahre 1466 der „neue Bader", der „sich auf diese Heerfahrt mit Salbe geschickt machte."

---

1) β = Schock = 60 alte Groschen. Die Schockrechnung war seit 1444 eingeführt. — H. Fr.

2) Diese Heerfahrt (oder Kriegszug) hatte den Zweck Plauen zu besetzen,

Was diese Sorte von Heilkünstlern im günstigsten Falle technisch geleistet hat, das geht aus einem neuerdings aufgefundenen Manuscripte vom Jahre 1460 hervor, welches einen Deutschen Heinrich von Pfolspeundt zum Verfasser hat und dessen kriegs-chirurgischen Inhalt ich in der „Deutschen militärärztlichen Zeitschrift" 1874 Heft 11 beleuchtet habe. Wie weit aber diese Leistungen hinter denen der damaligen eigentlichen Wundärzte zurückbleiben mussten, das lehrt ein Vergleich mit Braunschweig's Chirurgie (1497), dessen Lehrsätze Verfasser im „Militärarzt" 1873 Nr. 15 in Erinnerung gebracht hat.

16. Jahrhundert.

Das 16. Jahrhundert eröffnete auf allen Gebieten des geistigen Lebens[1]) den Kampf gegen die bisherigen Autoritäten. Die Entwicklung eines kraftbewussten Bürgerthums, die grosse Kirchenspaltung, die Befreiung vom todten Dogmenformalismus der Scholastik und die Wiederbelebung des Studiums der Antike, an welche die künstlerischen und wissenschaftlichen Bestrebungen zunächst anschlossen, um zur kritischen Betrachtung der Vorbilder des Alterthums vorzudringen, welche dann zu der von Natur und Leben gebotenen Beobachtung und Untersuchung führte — alle diese Kulturerscheinungen sind von demselben Geiste erfüllt und geben der Zeit, der sie angehören, die charakteristische Farbe. In der Natur- und Heilwissenschaft gab sich diese Richtung in dem Sturze der Autorität des Aristoteles und des Galen kund, welche fast zwei Jahrtausende von den Gelehrten des Morgen- und Abend-Landes gestützt worden war; auch an ihre Stelle trat die selbstständigere Auffassung der objectiven Natur, die Erkenntniss des Bedürfnisses einer wissenschaftlichen Naturforschung, die Grundlegung eines neuen, von zahlreichen Irrthümern der Ueberlieferung befreiten anatomischen Lehrgebäudes und der gewaltige Aufschwung der Wundheilkunde und der ihr verwandten Fächer. So fiel auch in den Anfang dieses Jahrhunderts der erste und zugleich bedeutende Versuch einer deutschen Heeres-Sanitäts-Verfassung. Kaiser Maximilian I. war es, welchem daran lag, seine „lieben frommen Landsknechte", diese freiwillig um die kaiserlichen Fahnen geschaarten Bürger- und Bauer-Söhne, mit geordneten Sanitäts-Einrichtungen zu umgeben.

---

nachdem die sächsischen Fürsten Ernst und Albert am 7. Februar 1466 dem Burggrafen von Plauen die Fehde angekündigt hatten. Erst am 2. Mai 1482 kam Schloss, Stadt und Herrschaft Plauen in den Besitz der Wettiner. — H. Fr.

1) Vgl. Wiener medicinische Wochenschrift 1881. Nr. 2.

Dieselben bestanden in folgendem[1]):

Es gab bei einem „Hauffen", welcher 5000 bis 10000 Mann stark war, einen „Obrist-Feld-Artzet". Derselbe bildete die höchste ärztliche Behörde bei einem Hauffen, war dem „Obrist-Feld-Hauptmann über ein ganzes Lager" oder dem „General-Obrist über Teutsch Fuss Volk" beigegeben, hatte die Verpflichtung, stets in der Nähe seines Kommandeurs zu bleiben, gehörte zu „den hohen Emptern" und erhielt zehnfachen Sold, d. h. monatlich 40 Gulden, ebenso wie der Hauptmann, Profos, Quartiermeister und Proviantmeister.

Ein „Obrist über Teutsch Kriegsvolk zu Fuss" hatte in seinem Gefolge einen „Doctor und Feldscheer". Der „Feldmarschall", welcher als oberster Befehlshaber der gesammten Reiterei hinter dem Obrist-Feld-Hauptmann seinen Platz einnahm, hatte einen „Doctor der Artzeney" zu beanspruchen; und dem „Obrist-Feld-Zeugmeister", der als Chef der „Arckeley" (Artillerie) jenem im Range folgte, kam ein „Wundartzet" zu. Der Letztere erhielt für sich und seinen Knecht, einen Scheerer, monatlich 30 Gulden. Bei der Truppe selbst standen, und zwar bei einem Fähnlein Fussvolk (etwa 200 Mann) und bei jeder Schwadron Reiterei je 1 Feldscher mit Doppelsold, also monatlich 4 Gulden. Derselbe hatte seinen Platz in der „Hinterhut" und rangirte nach Fronsperger zwischen Schreiber und Trabant, nach andern Quellen hinter dem Fourier und vor dem Korporal.

Die ärztliche Behandlung und Verpflegung kranker Landsknechte geschah auf Kosten Aller. Aus der Zahl der gemeinen Knechte wurde ein besonders geeigneter als Spitalmeister erwählt, welcher für die Verpflegung der Kranken, des Doctors, Scheerers und der Weiber im Spital und auf dem Marsche, sowie für die Herbeischaffung von Wagen zur Krankenbeförderung zu sorgen hatte. Die niedere Krankenpflege besorgten die zahlreichen Weiber und Kinder des Trosses; denn zum Trosse wurden die Kranken geschickt, hier beim Lagern der Truppen in Zelten behandelt und beim Aufbruche theils (die Leichtkranken) auf Wagen mitgenommen, theils (die Schwerkranken) dem nächsten Orte übergeben (Spitale).

Näheres über die Ausübung der Krankenpflege in den Lands-

---

[1]) Vgl. Leonhard Fronsperger: Von Kayserlichen Kriegsgerechten, Malefitz und Schuldhändler etc. Frankfurt MDLV — nach dem jetzigen Sprachgebrauche bearbeitet von Böhm. Berlin 1819. — Allgemeines über den ärztlichen Stand des 16. Jahrhunderts vgl. im citirten Grundriss der Geschichte von Baas. S. 355 u. ff. — Ein anschauliches Bild vom damaligen Soldatenleben liefert Friedrich Körner: „Georg Frundsberg, Scenen aus dem Leben der deutschen Landsknechte". Leipzig 1857.

knechtsheeren geht aus den Instructionen für die einzelnen Aerzte hervor. So lautet die Instruction für den „Obrist Feldartzet" nach Fronsperger:

„Eines obersten Arztet Befelch vnd Ampt streckt sich dahin, dass er etwan ein Doctor oder sonst eins stattlichen ansehns ob alle andern Artzten oder Feldscherern, auch ein berhümbter, geschickter, betagter, erfahrener, fürsichtiger Mann sey, von welchen alle andre Balbierer, Scheerer oder sonst verletzte, erlegte, kranke knecht', oder andre, sich solches wissen zu trosten, Hülff vnd rath in Zeit der not bey jm zu suchen haben, sonderlich was geschossen, gehauwen, gebrochen, gestochen od' in ander weg an den fürfallende eynreissenden Krankheiten, als an der Breune, Ruhr, Fiebern vnd dergleichen Gebrechen, welche sich dann in od' bei solchen Hauffen on vnderlass begeben vnd zutragen. Sein Ampt belangt vnd ist weiter, dass er zu anfang oder auffrichten der Regiment vnd hernach so offt man mustert, od' alle Monat, den Feldscheerern jr Instrument vnd Wahr sampt dero notturft besichtigt, vnd wo er dess fehl abgang oder mangel erfindt oder spürt, solches sol er alsbald bey verlierung der Besoldung auferlegen die notturft zu erstatten. Wo solcher aber nit geseyn oder möglich zu bekommen, dass sie solches bei jm od' andern in solchen Fällen wissen zu finden. Im Zug helt er sich sonst fast vmb vnd bey seinen Obersten. Auch wo not oder gefahr der Feind einziehen oder Schlachtordnungen, Scharmützel vnd dergleichen ist er auch nit weit von seinem obersten Feldherrn, sol auch etwa ab vnd zu andere Ertzten, Feldscherern vnd sonderlich, wo verwundete, geschedigte Reuter oder Knecht von oder durch die Feind angerennt vnd erlegt oder gefellt worden darbey vnd soll er auch sich vor allen andern mit Hülff vnd rath, sampt beystandt der geschicklichkeit erzeigen vnd gebrauchen lassen, sonderlich dieweil er vor andern mit Instrumenten, Apotecken vnd Artzeneyen nicht allein zu innerlicher, sondern auch zu eusserlicher verwundung oder Krankheiten versehen, auch mit allem fleiss, vnd rath darfür vnd daran seyn, ob Schenckel, Arm oder dergleichen abzunemen oder solches durch ander mittel zufürkommen wer. Er sol auch weiter sein Aufmercken geben, wo in schimpff vnd ernst verletzte erlegte oder beschedigte Knecht, das man die nicht lang in den Ordnungen oder Hauffen liegen lass, sondern die alsbald durch die Scherer, Knecht vn Jungen aus den Gliedern vnd Hauffen ausgeschleift, getragen vn gezogen, auch die förderlichen gebunden oder geholffen werde. Wo nun solche Feldscherer in den läuffen zu finden oder bey der Hand seyn solle, das ist bey der Zugordnung augenscheinlich zu sehen, wie solche zwischen den Reutern vnd Knechten mit jren Werkzeug sich sollen finden lassen, sonst im Läger oder Quartier helt sich jeder Scherer bey seynem Fendlein, welches dann bey jrem Ampt insonderheit aussgeführt ist worden.

Auch wo sich spän oder jrrungen zwischen den Feldscherern vnd den geheilten Knechten oder andern der Bezahlung halben zutrügen, das oder solches sol der Oeberst-Feldartzet macht zu vergleichen haben, welcher auch sein sonders auff vnd eynsehen haben sol, damit nit jemands übernommen oder zu wenig gegeben werde."

Des „Feldscherers Ampt vnd Befelch" lautete folgendermassen:

„Dieweil man vnder einem jeden Fendlein eines Feldscherers vnd Wundartzetes nottürftig ist, so sol ein jeder Hauptmann sehen, dass er jm einen rechtgeschaffenen, kunstreichen, erfahrenen vnd wohlgeübten Mann zu einem Feldscherer erkiese, vnd nit nur schlecht Bartscherer od' Baderknecht, wie vmb gunstwillen zum öftern mal beschieht, denn warlich ein gross hieran gelegen, denn mancher ehrlicher Gesell etwan sterben oder erlamen muss, hatte er einen rechtgeschaffenen, erfahrenen vnd geübten Meister vb jene, er bliebe bey leben vnd gerad.

Also hat ein Feldscherer zur Notturft in einem Feldzug gerüstet seyn mit allerley notwendiger Artzeney vnd Instrument, was zu jeder notturft gehört, das auch der Hauptmann selbst besichtigen sol.

Zudem sol er auch haben ein geschickten Knecht, der jme wo not hülff beweisen möge. Sein Ampt vnd Befelch ist, dass er jedermann doch zu vorderst vn vor allen andern denjenigen, so vnder seinem Fendlein liegen, wo not raht vnd Hülff in allen anligen seinem Handwerk zugehörig erzeigen, vnd beweisen sol vnd in demselbigen niemands übernemmen, sondern einen jeden bei einem ziemlichen vnd billigen sol bleiben lassen.

Er sol allwegen sein Losement zu nacht bey dem Fenderich haben, damit man jene jederzeit wo not zu finden wisse, vnd, wo man es gehaben mag, ist gut, dass man jene allwegen in ein Hauss losier, von wegen der verwundten und kranken.

Er hat sonst keinen sondern Befelch, denn das er dem Fendlein wie andere Kriegsleut nachzeucht, vnd wird jme gegeben Doppelsold."

Dass diese Verordnungen für die verwundeten und erkrankten Landsknechte die Grundlage für die Sanitäts-Verfassung der deutschen Heere geworden sind, ist theils daraus zu erkennen, dass eine solche Sanitäts-Ordnung vorher in Deutschland nicht bestanden hat, theils aber auch deshalb anzunehmen, weil einige Bestandtheile dieser ältesten Sanitäts-Verfassung uns bis zum heutigen Tage erhalten geblieben sind. Um in letzterer Beziehung ein Beispiel anzuführen, darf ich vielleicht an den „Feldscher" erinnern, welcher noch in der Jetztzeit und wahrscheinlich bis in die späteste Zukunft hinein, als „Lazarethgehilfe" und als unentbehrliches Glied des Militärkörpers fortbesteht; und es enthält diese Erscheinung zugleich einen beredten Beleg dafür, dass gewisse Einrichtungen unseres modernen Lebens deshalb in ihrer Entwickelung stillstehen, weil ihnen eine erleuchtete Vergangenheit bereits einen hohen Grad der Vollkommenheit verliehen hat.

Wie im Einzelfalle diese Sanitäts-Einrichtungen zur Anwendung gelangt sind, darüber sind nur ganz spärliche Nachrichten überliefert. Eine derselben scheint mir deshalb der Hervorhebung werth zu sein, weil ihrer die sonst eingehende Militär-Medicinal-Geschichte Preussens von A. L. Richter (Erlangen 1860) nicht gedenkt. Christoph von Rommel nämlich berichtet[1]), dass nach der 1537 zu Coburg abgefassten Reichsverfassung der obriste Feldhauptmann an Sold ausser 300 fl. für seinen Unterhalt, 1200 fl. Tafelgeld erhielt; und dass sein Staat (24 Trabanten, 12 Trompeter, 1 Pauker, 6 reitende Boten, 1 Musterschreiber, *4 Wundärzte, welche rechtschaffene Meister seyn sollen und Wovon jeder den Sold von acht Landsknechten bekommt*, 3 Prediger) sammt seinen Reisigen und 16 Wagen monatlich 2480 fl. kostete. Besonderer Aerzte wird beim Reisigen-Regimente und beim Regimente der Fussknechte nicht Erwähnung gethan. Nur beim 3. Kriegs-Regiment taucht ein Arzt auf; und für Kranke und Verwundete werden *behangene* Wagen zugetheilt.

Die Art, wie man in Sachsen ein solches Heer zusammenbrachte, war diejenige des 15. Jahrhunderts, und als in der ersten Hälfte des 16. Jahrhunderts die Einrichtung der Lehnmiliz immer lockerer wurde, indem sich viele Vasallen der persönlichen Kriegsleistung unter allen Vorwänden entzogen, dachte man in Sachsen daran, statt der freiwilligen Kriegsdienste ein gewisses, sicheres Zugeständniss der jedesmaligen Kriegsleistungen zu erhalten. So kam es, dass 1523 von der Ritterschaft eine Liste eingefordert wurde über den Umfang, in welchem sie mit ihren Unterthanen zu dienen schuldig wären; und später liess Moritz diese schuldigen Kriegsleistungen sogar in die Amts- und Kloster-Erbbücher aufnehmen.

Welcher Art die damalige Bewaffnung des Heeres gewesen sein

---

1) Christoph v. Rommel: Philipp der Grossmüthige, Landgraf von Hessen. Ein Beitrag zur genaueren Kunde der Reformation etc. Giessen 1830. 2 Bände. Vgl. S. 409 des 1. und S. 375 des 2. Bandes.

mag, geht unter anderen aus einem Waffenbestands-Nachweise der Stadt Bautzen vom Jahre 1537 hervor. Bautzen besass nämlich in diesem Jahre 177 alte und neue Kanonen [1]), viele Harnische und Panzer, Armbrüste, Pfeile, Hellebarden und Streitäxte, 192 langgeschäftete Spiesse und 543 ungeschäftete; an Pulvervorrath 220 Stein nebst 9 Tonnen Schwefel und 30 Tonnen Kohle.

Mit der allmählichen Verbesserung der Waffen und der hiermit Hand in Hand gehenden Vergrösserung der Zahl und Schwere der Verwundungen, an welcher sich obendrein bisweilen unnöthige Grausamkeiten [2]) betheiligt haben mögen, wurden in dem folgenden Zeitraume der geistigen Revolution, welche von der (in Sachsen 1539 eingeführten) Reformation der Kirche angefacht worden war, immer allgemeiner das Bewusstsein geweckt und befestigt, dass die Männer der Heilkunst ein Feld bebauen, welches für die Verminderung des Kriegsunglücks segensreiche Ausbeute verspricht. Und so wetteiferten Staat und Wissenschaft mit einander, den ärztlichen Beruf zu heben und ihn für das Heer mehr und mehr verwendbar zu machen.

So war es Kaiser Karl V., welcher 1548 auf dem Reichstage zu Augsburg anordnete, dass die Bader und Scherer in ihren Zünften Chirurgie handwerksmässig betreiben sollten, und dass die Leineweber etc., Barbiere, Bader und ihre Kinder hinfüro in Zünften, Aemtern und Gilden keineswegs ausgeschlossen, sondern wie andere redliche Leute aufgenommen und dazu gezogen werden sollten.[3])

Rudolph II. bestätigte gelegentlich der in Frankfurt a. M. 1577 veröffentlichten verbesserten Reichspolizeiordnung dieses Gesetz ausdrücklich und gab den einzelnen Landesherrn auf, dasselbe in ihren Staaten zur Kenntniss der Unterthanen bringen zu lassen.

Weiterhin knüpfte man an die Ausübung der Wundheilkunde die Bedingung von Prüfungen; denn in der Universitäts-Ordnung vom

---

1) Verwundungen mit „Kartaunenkugeln" mögen damals noch nicht sehr häufig vorgekommen sein, sonst hätte man von einzelnen derartigen Vorfällen nicht so viel Aufhebens gemacht, wie es z. B. mit einer Kartaunenkugel geschehen, welche 1547 — bei der Belagerung Leipzigs durch Kurfürst Johann Friedrich den Grossmüthigen — eine fünfzehnjährige Böttcherstochter verletzt hat und bis heute im Innern der Johanniskirche eingemauert aufbewahrt wird. — H. F.

2) So behauptet Graf v. Beust (Feldzüge der Kursächsischen Armee, Erfurt 1801—1804), dass in den Feldzügen von 1553 gegen Albrecht von Brandenburg der letztere auf die Sachsen mit speckumwundenen Kugeln habe schiessen lassen, die den Verwundeten unsägliche Schmerzen bereitet haben sollen. — Die alten Kriegs-Chirurgen führten andererseits Meisel von Speck in die Wunden ein, um die Eiterung und Heilung zu befördern. — H. F.

3) Vgl. Reichspolizeiordnung 1548. Tit. XXXVI.

1. Januar 1580[1]) heisst es ausdrücklich: Von den Barbieren und Wundärzten soll niemand die Chirurgie ausüben, dessen Geschicklichkeit nicht vorher durch die Medicos und wohlerfahrenen Chirurgen wohl erforschet und durch Zeugnisse darzuthun ist.

Die niedrigsten Aerzte waren die Chirurgen, welche nur aus den Barbierstuben hervorgingen und die fehlende Fachbildung als Autodidakten auf der Wanderung und im Kriege ergänzten. Wundärzte oder Schneidärzte waren auf Schulen oder von höheren Meistern, und die medici (innere Aerzte) auf Universitäten gebildet. Ein solcher medicus kommt schon im Jahre 1586 beim sächsischen Heere als „Festungs-Medikus" vor: es ist der Pirnaische Physikus Dr. Gregorius Heyland, welcher für die Festung Königstein ärztlichen Dienst leistete.

Nicht unerwähnt darf hier am Ende des 16. Jahrhunderts ein Vorfall bleiben, welcher vielleicht den ersten Missbrauch des „rothen Kreuzes" darstellt. Als nämlich Kaiser Rudolph II. durch die fortwährenden Kämpfe mit den Türken im Jahre 1596 wieder gezwungen war, Reichshilfe zu beanspruchen, bewilligten auch die Stände des obersächsischen Kreises im Jahre 1597 1000 Reiter. Diese Hilfstruppen begleitete auf Wunsch des Administrators der Kursachsen, Herzogs Friedrich Wilhelm zu Sachsen, als Commissar der Kriegsrath Isaak Kracht, welcher über die päpstlichen Hilfsvölker an den Herzog, wie folgt, berichtet: „Dass Pabstische Krigsvolk hat etwas neues Im leger erdacht, hiemit die vbrigen Pfaffen vnd Munch desto statlicher zu Pancketiren vnd zu leben, vnnd haben vonn Allen Krigsleuten den 30sten fl. begehret monatlichen an Ihrer besoldung abkurzen zu lassen, *Im schein eines Spittals fur Krancke Krigsleutte*, weil es aber wier vnnd die andern Teuzschen Reuter nicht eingangen, haben gleichwohl die anderen Krigsleute, vnd die meisten darein gewilliget, dergestalt nach, vnnd dass sie nichts weniger viel Tausend gulden Monatlichen einkommens, haben also einen sonderlichen blaz eingenommen, vnnd *zehen grosse weisse Zelt mit Rotten kreuzen* aufgeschlagen, gleichen ansehen eines Klosters, vnnd hat nuhn fast drey wochen gestanden, hore aber von Andern, die teglichen furuber gehen, nichts anders dan, dass sie keinen kranken aldo sehen, besonders Pfaffen, munch vnd lose Vetteln vnd ist teglichen Pancketiren vnnd sauffen drinnen." (Vgl. Archiv für sächsische Geschichte 12. Band. Leipzig 1874.)

---

1) Codex August. I. S. 740.

17. Jahrhundert.

Das 17. Jahrhundert arbeitete im Sinne des 16.[1]) weiter und begünstigte die Entfaltung der Individualität gegenüber der schablonenhaften Disciplinirung der Geister der früheren Zeiten. Dabei zeigte man eine Vorliebe für mathematische und physikalische Fragen und gelangte zu Entdeckungen, welche heute noch als Grundsteine dieser Wissenschaften gelten. Die Naturforscher erkannten, dass sie die Wahrheit nur durch Beobachtung und Experimente ergründen, und zeigten hiermit den Nachkommen aller Zeiten den für die naturwissenschaftliche Erforschung einzig richtigen Weg. Und so haben wir diesem Jahrhundert die ersten Untersuchungen über die Physiologie der Ernährung und Bewegung, vor allem aber die Entdeckung des Blutlaufs zu verdanken, welche die physiologischen Anschauungen gänzlich umgestaltete und den mächtigsten Einfluss auf die Vervollkommnung der Heilwissenschaft ausübte.

In militärischer Beziehung brachte schon der Anfang dieses Jahrhunderts der sächsischen Militärgeschichte ein sehr bemerkenswerthes Ereigniss. Es trat nämlich vom 1. Januar 1613 an für das Kurfürstenthum Sachsen eine neue „Defensionsordnung" ein, gemäss welcher das Heer eingetheilt worden ist (vgl. „Archiv für die sächsische Geschichte". Leipzig 1863. 1. Band) in Reiterei, Artholerey und in Fussvolk oder Defensionsvolk. Während die Reiterei von der Ritterschaft zu stellen war, wurde das Fussvolk aus den angesessenen Männern der Städte und Aemter gezogen, von denen der 9. oder 10. Mann genommen wurde. Die Defensioner sollten „gesund und tüchtig" sein und bestanden aus 2 Regimentern zu je 8 Fendeln, deren jede 520 Mann stark war. Im Anfang des 30jährigen Krieges bestand ein Regiment Fussvolk aus 10 Fähnlein zu je 300 Mann, und ein Reiterregiment aus 10 Kompagnien oder Frei-Fähnlein, welche ihren Namen davon erhielten, dass sie nicht in einen Regimentsverband zusammengezogen wurden.

Das für Deutschland folgenschwerste militärische Ereigniss des Jahrhunderts war bekanntlich der 30jährige Krieg. Wie dieser Krieg nach seinen Beweggründen und der Art seiner Führung geeignet war, alle Menschlichkeit zu ersticken, das spiegelt sich besonders auch in der Kranken- und Verwundetenpflege ab, für welche meist die allererste Bedingung, die *Kranken-Unterkunft*, fehlte. Als z. B.

---

1) Vgl. Wiener Wochenschrift. 1881. Nr. 2.

kurz nach der Schlacht [1]) auf dem „Breiten Feld" (7. September 1631), welche Tilly an den König von Schweden verlor, und in welcher allein von 17000 gegen 2000 Sachsen fielen, der Kurfürst Johann Georg I. auf Bitte des Dresdener Rathes gegen die Wiederholung einer Ueberrumpelung der Stadt seitens der Ungarn und Kroaten mit dem „Leibregiment zu Ross und Fuss" am 5. October 1631 in Dresden eingerückt war, erbat der Rath gar bald „gemessene Ordinanz, wer oder welche Häuser von dergleichen Einquartirungen befreit sein sollen". Gleichzeitig nahm der Rath Gelegenheit, auch derjenigen Unzuträglichkeiten zu gedenken, die durch die einquartirten Soldaten selbst hervorgerufen wurden. Er sagt u. A., „dass die Offiziere mit den ihnen gewährten Lebensmitteln nicht zufrieden sein wollen, sondern in starker Anzahl Speise und Trank, sonderlich aber Weines die Menge von ihren Wirten, bei denen sie logiret, wie auch unterschiedener Gastgebote Ausrichtung begehret, sowie dass sie übermässig Rosse an ihrer Reihe halten, für welche sie das Futter an Hafer, Heu und Stroh von ihren Wirten verlangen, wovon aber doch kurfürstlicher Durchlaucht Befehl nichts besaget, solches auch in der Wirte Vermögen nicht ist noch bestehet. Nichts destoweniger sind Unterschiedliche zugefahren, haben die Scheunen eröffnet, und was für Vorrat sie allda befunden, für sich hinweggenommen. Bei den Soldaten zu Fuss hat sich dieses ereignet, dass derselben nicht allein eine gute Anzahl *krank* anhero gekommen, *auch kranke Weiber mit sich gebracht, welche die Wirte bei sich in ihren Häusern zu behalten und dadurch ihr Weib und Kind auch anstecken zu lassen,* zum höchsten Bedenken getragen, derowegen sie denn auch Ew. kurfürstl. Durchlaucht gnädigsten Belieben nach ins Lazaret [2]) verschafft werden. Ferner ist befunden worden, dass anfangs unterschiedliche Bürger zu 2, 3, auch 4 Soldaten eingeleget, dass hernach zu denselben sich Weiber, Kinder und Tross gefunden,

---

1) Die vereinigten Schweden und Sachsen hatten 38000 Mann und eine Artillerie von 100 Geschützen; Tilly und Pappenheim gingen ihnen mit 24000 Mann Fussvolk und 11000 Mann Reiterei entgegen.

Zum Andenken an diese Schlacht hat man 1831 ein Denkmal in Gestalt eines Würfels errichtet, an welchem ich folgende Inschrift gelesen habe:
„Glaubensfreiheit für die Welt
Rettete bei Breitenfeld
Gustav Adolph, Christ und Held.
Am 7. September 1631.
1831." — H. Fr.

2) Nämlich in das *städtische* Krankenhaus, welches aus dem im 16. Jahrhundert errichteten Pestilenzhause entstanden war. — H. Fr.

also, dass doppelt mehr Personen hernach mit Essen und Trinken unterhalten werden sollen, denn anfänglichen angemeldet und begehret worden, welches dann den armen Bürgern und Handwerksleuten, sonderlichen, wenn es länger continuiret werden sollte, eine unerträgliche Last, ja die Unmöglichkeit selbsten sein wollte."

Diese Klagen geben ein getreues Bild von den damaligen Schwierigkeiten der Krankenunterbringung.

In Festungen zwar scheint in dieser Beziehung mehr Vorsorge obgewaltet zu haben. Nicht nur, dass man, wie ich erwähnt habe, schon 1586 einen Festungsmedicus für die Festung Königstein gehabt hat — auch die damaligen, die Uebergabe von festen Plätzen betreffenden Verträge behandeln den weiteren Verbleib der Kranken des abziehenden Feindes in der Festung wie eine naheliegende und selbstverständliche Bedingung.

Es sei mir gestattet, die beiden hierher gehörigen von Johann Georg abgeschlossenen und deutlich an den späteren Genfer Vertrag erinnernden Vereinbarungen in den auf die Kranken bezüglichen Punkten nach „Gurlt's Geschichte der internationalen etc. Krankenpflege. Leipzig, Vogel 1873" S. 43 wiederzugeben.

I. Accord zwischen dem Churfürst von Sachsen als Reichsgeneralissimus und den Vertretern des Königs von Schweden wegen Uebergebung der Stadt und Festung „Magdeburgk" geschlossen am 3. Juli 1636 der Schwedischen Besatzung freien Abzug gewährend:

7) Da auch einer oder der ander schwachheit halben, nicht mit ford gebracht werden köndte, die sollen in der Stadt gelassen, mit nothdürfftigen vnterhalt vnd Cur, auch wenn sie gesund worden, mit gemessenen Pass, zu ihren Regimentern zu kommen, versehen werden.

II. Akkords-Punkte zwischen dem Churfürst zu Sachsen (als Reichsgeneral) mit dem Vertreter Schwedens wegen Uebergabe der Stadt Görlitz, abgehandelt und geschlossen den 30/20.[1]) September 1641, der Schwedischen Garnison freien Abzug gewährend:

11) Da sich auch etliche und entweder zu der Königlich Schwedischen Haupt- oder Stallhansischen[2]) Armée, wie auch zu dem aus-

---

[1]) Der Gregorianische Kalender, welcher dem Julianischen vorausgeht, galt in den katholischen Ländern Europas seit 1582 und wurde im protestantischen Deutschland erst mit dem Jahr 1700 eingeführt, in welchem man den Februar mit dem 19. schloss und dann gleich den 1. März schrieb. — H. Fr.

[2]) Der Haudegen Stallhans oder Stalbantsch wurde in der zweiten Schlacht auf dem verhängnissvollen „breiten Feld" am 23. October 1642, an welcher 23000 Kaiserliche mit 3000 Kursachsen, sowie 20000 Schweden theilnahmen, schwer

ziehenden Regiment gehörige Kranke und Verwundete allhier in Görlitz befinden, und nicht fortgebracht werden konnten, sollen sie so lange, bis solche restituirt, allhier in Görlitz gelassen, verpfleget und nach erlangter Gesundheit nächst Ertheilung eines sicheren Passes zu der Stallhansischen Armée frey passiret werden. —

Nach dem westphälischen Frieden wurden die im 30jährigen Kriege unterhaltenen Regimenter beträchtlich verkleinert. Einige Leibgarden und sogenannte Frei-Kompagnien waren das einzige Kriegsvolk, welches man zur nothdürftigen Besetzung der Residenz und einiger anderer Städte auf den Beinen hielt. Auch unter dem friedliebenden Johann Georg II. (1656—1680 reg.) wurden nur auf Kriegsdauer 1660 und 1670 Truppenabtheilungen gegen die Türken aufgestellt. Erst nach 1670 fing man an — veranlasst durch die Theilnahme am Kriege zwischen Kaiser Leopold I. und Ludwig XIV. — die errichteten Regimenter bestehen zu lassen, und fand so auch 1679 nach ihrer Rückkehr nur eine theilige Auflösung derselben statt.

Ein eigentlich stehendes Friedensheer verdankt Sachsen erst Johann Georg III. (reg. 1680—1691) im Jahre 1681. Im October 1682 war eine Kriegsmacht aufgestellt, welche ausser den Trabanten zu Ross 5 Regimenter Reiterei zu 6 Kompagnien mit je 100 Pferden, und 6 Infanterie-Regimenter zu 2 Bataillonen bez. 8 Kompagnien mit je 146 Mann umfasste. Im Jahre 1683 nahmen 12000 Sachsen neben 27000 Oesterreichern, 26000 Polen unter König Sobieski, 11300 Bayern und 8000 fränkischen Kreistruppen am Entsatze des von den Türken belagerten Wien Theil. Unter Johann Georgs III. (des „sächsischen Mars") Führung brachen die Sachsen am 29. Juli 1683 auf. Die Infanterie war hierbei das erste Mal vollständig mit Feuergewehren ausgerüstet. Im Hofstaat des Kurfürsten befand sich der Leibmedicus Morgenstern. Am 12. September 1683 wurde unter der Sachsen ruhmvoller Betheiligung Wien entsetzt[1]),

---

verwundet. Auf der blutigen Walstatt blieben von der kaiserlichen Infanterie allein 5000 Mann, auch einige neugierige Bürger und Studenten Leipzigs; die Schweden hatten 2000 Todte und 2000 Verwundete zu beklagen, u. a. auch den Verlust des Generals Stange, welcher in der Nikolaikirche zu Leipzig begraben liegt. Die schönste Frucht dieses Sieges war den Schweden Leipzig, welches sie vom 28. November 1642 bis 29. Juni 1650 besetzt hielten. — H. Fr.

1) Ende October 1683 kamen die Sachsen in ihr Vaterland zurück. Unter Andern zog ein Theil mit erbeuteten Kameelen, türkischen Pferden, Waffen und gefangenen Türken durch Leipzig. Zwei sächsische Kompagnien kamen ebenfalls mit reicher Beute beladen in Leipzig an und bezogen ihre alten Quartiere in den Vorstädten. Diese Garnison Leipzigs brachte 5 *Wagen kranke Soldaten*

und ist dieser Sieg von der Stadt Dresden durch eine „Victoria" verherrlicht, welche noch heute den Brunnen vor dem Johanneum auf dem Jüdenhofe schmückt. Den Marschallsstab, Helm und Panzer, den Sobieski vor Wien getragen, machte dieser seinem sächsischen Waffengenossen zum Geschenk. Sie werden im Dresdner Johanneum aufbewahrt, und hat der Marschallsstab neuerdings dadurch eine erhöhte Bedeutung erhalten, dass ihn König Albert beim Truppeneinzug in Dresden am 11. Juli 1871 zum Zeichen der im deutsch-französischen Kriege erlangten Würde eines General-Feldmarschalls getragen hat.

Ferner kämpften 1685—1687 3000 Mann Infanterie zu 3 Regimentern bez. 30 Kompagnien im Solde der Republik Venedig gegen die Türken auf der Halbinsel Morea. Den ärztlichen Dienst bei diesen Truppen versah[1]) *je ein Feldscher bei jedem Regimente!* Vor dem Abmarsche am 22. Mai 1685 wurde den Kommandanten das leibliche Wohl der Truppen dringend ans Herz gelegt; namentlich sollten jene in der Hitze die Truppen durch allzustarke Tagereisen nicht unnöthig abmatten, sondern lieber die Nächte, „soviel es sich fügen will", zur Hilfe nehmen. Auf dem siebenwöchigen Hinmarsche verloren diese Truppen bereits 204 Mann an Todten und Deserteurs. Nach zwei gewonnenen Schlachten und nach Eroberung von 5 Plätzen begannen die rothe Ruhr und Pest ihren Feldzug, und rafften viele Opfer, namentlich an Offizieren hin, wozu die drückende Hitze, die anhaltenden herbstlichen Regengüsse und die schweren Weine das ihrige beitrugen. Der 3. Theil des Korps lag krank darnieder. Die Krankheiten wurden immer mörderischer, *da es an Wartung und ärztlicher Pflege* fehlte. Es waren weder Decken noch Matratzen für die Kranken vorhanden; sie campirten in den Schiffsräumen, wo sie mehr über- als nebeneinander zusammengepackt waren. Es fehlte an Brot, Salz, Wein, selbst die Löhnung erhielten die Soldaten nicht mehr pünktlich ausgezahlt. Das einzige „refugium" der Kranken waren die Schiffe — war man aber einmal dorthin gekommen, so ging es bald über Bord. Noch im März 1686 dauerten die Krankheiten fort; es wird berichtet: Es ist kein gesunder Feldzug, sondern Kranke und Gesunde schwimmen eng übereinander gepackt im Meere herum; es ist schlimmer als die härteste Strafe des Churfürsten zu betrachten. Man ist in steter Todesgefahr auch ohne den Feind zu sehen.

---

und Weiber mit, die zur Verpflegung und Quarantaine im Jakobslazareth untergebracht wurden. — H. Fr.

[1]) Vgl. v. Friesen „Die Feldzüge der Sachsen in Morea" im zweiten Bande des Archivs für die Sächsische Geschichte. S. 225 u. ff. Leipzig 1864.

Bei den folgenden Belagerungen fester Plätze erlitten die Regimenter bedeutende Verluste, die sich zu den Todesfällen an Krankheiten addirten, um gleichsam die Truppen zu vernichten. Viele Offiziere, sämmtliche Aerzte waren an Krankheiten gestorben. Die Zahl der Kranken, ohne Aerzte und Heilmittel — „die Regimentskassen waren leer" — stieg immer mehr. „Während der einundzwanzigtägigen Ueberfahrt von Napoli nach Navarin starben von den drei Regimentern 300 Mann. In dem zu einem Steinhaufen verwandelten Navarin besserte sich dieser Zustand natürlich nicht, und eine Bestandsliste vom 23. November 1686 weist auf beim

  1. Regiment 328 Gesunde 47 Kranke
  2.   = 360 = 127 =
  3.   = 318 = 73 =

Dabei fehlte es an Obdach, Kleidern, Verpflegung und Aerzten, „mit einem Worte: an aller Hilfe".

Am 4. Mai 1687 wurden die Regimenter, nur noch 782 Offiziere und Leute zählend, zur Rückfahrt eingeschifft. Im Anfange October 1687 trafen sie in Pegau — 761 von 3000! — wieder ein. —

Schliesslich bedarf es noch der Erwähnung, dass 1686 6000 Mann in Ungarn fochten, 1688 14900 Mann zum kaiserlichen Heere am Rhein[1]) stiessen und 1693 ein Korps von 12000 Mann unter Johann Georgs IV. Anführung am Rhein focht.

Garnison-Krankenverpflegung
im 17. Jahrhundert.

Friedenslazarethe gab es im 17. Jahrhundert beim sächsischen Heere nicht. Daher wurde der Kranke entweder in seiner Wohnung behandelt, oder er wurde, besonders bei schwerer Erkrankung, in das Stadtlazareth aufgenommen und hier auf Rechnung des Hauptmanns verpflegt. Die Behandlung selbst leitete hier sowie in der Wohnung der Regiments-Feldscher, und der Hauptmann unterstützte jene durch Darreichung der etwa für den Kranken nöthigen „Refraichissements". Näheres ist aus den Ordonnanzen von 1682, 1686, 1691, 1692, 1697, 1714 und 1728, welche über die Heeresverpflegung genaue Bestimmungen enthalten, nicht zu ersehen.[2])

---

  1) Als Führer einer Rheinarmee starb Johann Georg III., von der im Heere ausgebrochenen Seuche ergriffen, am 12. September 1691 in Tübingen, 44 Jahre alt. — H. Fr.
  2) Vgl. „Allgem. Zeitung für Militärärzte" von Klencke. Jahrg. 1843. S. 160 u. ff.

Die Mitbenutzung von Heilanstalten des Civils mag freilich zu Zeiten grassirender Seuchen ihre erheblichen Schwierigkeiten gehabt haben. War doch z. B. die Dresden 1680 heimsuchende Pest so verheerend, dass sie von der etwa 28000 Seelen zählenden Bevölkerung 11517 Kranke hinwegraffte, und ein besonderer Gottesacker (der Eliaskirchhof) angelegt werden musste. — Auch in Leipzig, welches 1680 gegen 15000 Einwohner gehabt haben mag, starben allein in den letzten fünf Monaten des Jahres 1680 2318 Personen und zwar u. a. von 5 Pestärzten 3, von 21 Pestbarbieren 7, von 28 Krankenwärtern 16 und von 26 Wärterinnen 14 (vgl. Deutsche medicinische Wochenschrift 1879. Nr. 24).

Stellung des Sanitäts-Personals
im 17. Jahrhundert[1].

Die eigentlichen „Aerzte" des 17. Jahrhunderts waren noch gar gravitätische Männer, welche beileibe nichts weiter thaten als Recepte verschreiben. Alles andere hielten sie für unwürdig, verlangten aber, dass sie zu allen grösseren Unternehmungen (Operationen) der Wundärzte und Barbiere zur Ueberwachung zugezogen wurden. Wundärzte gab es in Deutschland noch wenige, doch waren es meist strebsame Männer, oft kühne Operateure und gesellschaftlich geachtete Personen. Am stärksten waren unter den Heilkünstlern noch die Barbiere und Bader vertreten, von welchen in Bezug auf Bildung, Leistung und Stellung Gehema[2] ein vortreffliches Bild entrollt.

Was die Eintheilung von Sanitäts-Personal in die Truppenkörper anlangt, so habe ich hauptsächlich dem Werke von Carl August Müller[3] folgende Thatsachen entlehnen können. Von einem Sanitäts-Personale bei den „Reuter"-Kompagnien schweigt die Geschichte über den Anfang des 17. Jahrhunderts gänzlich; und darf wohl angesichts der geringen Menschenzahl einer solchen Kompagnie vermuthet werden, dass man sich so lange wie möglich mit der Pflege mitziehender Frauen begnügt hat. Die Cursächsische Reuterbestallung erhärtet diese Vermuthung, wenn sie bestimmt: „Die Reuter sollen keine unzüchtige Weiber mit sich führen und bei sich haben; doch da andere unverdächtige *Weiber,* so man *zur Abwartung kranker*

---

1) Vgl. das Allgemeine des ärztlichen Standes in Baas' Grundriss der Geschichte. S. 442 u. ff.

2) Vgl. meinen Aufsatz „Gehema's wohlversehener Feldmedicus" in der „allgemeinen militärärztlichen Zeitung". 1869. Nr. 19 u. 20.

3) Forschungen auf dem Gebiete der neueren Geschichte. 2. Lieferung. Dresden und Leipzig. 1838. 8°.

Personen, zum Waschen und andern unstrafbarlichen Dingen ohne Schand und Unzucht gebraucht, vorhanden wären, die sollen geduldet und zugelassen werden, mit Vorwissen der Befehls-Leute."

Zu jedem Fähnlein Fussvolk gehörte kraft der neuen vom 1. Januar 1613 ab in Kraft getretenen Defensionsordnung immer ein Feldscher (Barbier) mit Hellebarde, Seitengewehr und seinem „Pallieerzeug". Dieser Feldscher wird in der Hauptmannsbestallung (vgl. das citirte Werk von Müller S. 15) zwischen den beiden gemeinen Webeln und den beiden Trommelschlägern mitten innen stehend aufgeführt, während er später zwischen Fourier und Büchsenmacher rangirt haben mag. Sein Gehalt betrug nach der oben bezeichneten Bestallung monatlich 24 fl. Später betrug es nach einer Löhnungsliste von 1631 bei der Reiterei 10 Thlr. und bei der Infanterie 11 Thlr. monatlich im Felde, während es sich im Frieden durchschnittlich auf 7 Thlr. belief.

Ferner gehörte zum „Staat der hohen Aemter" bei einem Regimente zu Fuss u. a. ein „Arzt" mit 40 fl. monatlichen Gehalts und mit einer Stellung zwischen Regimentssecretär und Proviantmeister. Da, wie später nachgewiesen wird, der „Arzt" für das Heerwesen erst eine moderne Errungenschaft bildet, so wird man nicht fehlgehen mit der Meinung, dass man sich mehr der Ausdrucksweise der damaligen Zeit anpasst, wenn man diesen Arzt als „Regiments-Feldscher" bezeichnet. Dieser Regiments-Feldscher ist ein überaus wichtiges Glied in der dienstlichen Gemeinschaft des Heeres-Sanitäts-Personals bis auf die neuere Zeit geblieben. Noch im 17. Jahrhundert wird eine stattliche Reihe solcher höherer Feldschere nachgewiesen. Geisler[1] zählt allein für die Zeit von 1681—1758 in einer fortlaufenden Liste 20 Regiments-Feldschere auf. Gewiss hat die höhere Stellung des Regiments-Feldschers eine höhere Leistungsfähigkeit vorausgesetzt. Es ist nicht unwahrscheinlich, dass die sächsischen Feldschere vermöge der Anatomiekammer, welche (nach Baas S. 445) schon seit 1617 in Dresden bestand, in der Lage waren, ihrer Thätigkeit eine wissenschaftliche Grundlage zu geben. Der Regiments-Feldscher mag wohl so die Fähigkeiten eines Barbiermeisters erworben haben; und worin dieselben etwa annähernd bestanden, entnehme ich dem mir vorgelegenen Bestätigungsdecrete einer Innungs- und Handwerksordnung der Bader und Wundärzte für Sachsen-Altenburg vom 6. Juli 1641, welches vom Herzog Friedrich Wilhelm erlassen worden ist. Dasselbe enthält namentlich auch die Bedin-

---

[1] Geschichte des Regiments Graf Anhalt. Halle 1782.

gungen fürs Meisterwerden, nämlich: Nachweis ehrlicher Geburt, dreijährige Lehrzeit, dreijährige Gesellen-Wanderschaft, Meisterstück mit Meisteressen etc., vornehmlich auch eine Prüfung vor dem Stadt-Physikus und den 4 ältesten Meistern. In dieser Prüfung hatte nun auch der Prüfling über die *Behandlung von Schusswunden* Rechenschaft zu geben, denn es heisst ebenda: „Von geschossenen Gliedern. Wann auch einer in ein glied, es sey gross oder klein, mit Kugel oder Pfeil geschossen, die Kugell oder Pfeill aber entweder durch und durch gienge, oder ganz, oder zum theill darinnen stecken blieben, Oder auch vergiftet wehre, Durch waserley instrument, Vndt welcher gestalt er die Kugell oder Pfeill aus der Wunden zu ziehen, dem Patienten seine schmerzen zu lindern, Vnd vorige gesundheit, soviel möglich zu restituiren erhoffte."

Das Friedensgehalt der Regiments-Feldschere war für die Feldschere bei den verschiedenen Truppenabtheilungen ein verschiedenes, durchschnittlich für beide aber ein gleiches, monatlich 7 Thaler. Bei der (1682 aufgelösten) Dresdner Festungsgarde bezog der Feldscher nur 6 Thlr. Nebenbei bekam der Regiments-Feldscher für jeden Mann des Regiments monatlich 6 Pfg., wofür er einen sogenannten Medicinkasten anzuschaffen, im Stande zu erhalten und die Medikamente an Unteroffiziere und Gemeine unentgeltlich auszugeben hatte; der Kompagnie-Feldscher aber für jeden Mann der Kompagnie ebenfalls monatlich 6 Pfg. unter dem Namen des Beckengeldes, als Honorar für das in der Woche 2 Mal vorzunehmende Rasiren jedes Mannes der Kompagnie. Ausser dieser letzteren Function lag ihm die Behandlung der Kranken mit Hinzuziehung des Regiments-Feldschers, von dem er die Medicin empfing, ob; in schweren Erkrankungsfällen waren Beide angewiesen, den Rath eines wohlerfahrenen Medici oder kunstgeübten Chirurgen einzuholen.

An die Spitze des ärztlichen Personals stellte man für die Dauer des Feldzuges von 1683 einen Stabsmedicus und einen Stabs-Feldscher, erstern mit 40, letztern 30 Thalern monatlichen Gehalts. Die Instruction für jenen ging dahin, sich in der Nähe des commandirenden Generals aufzuhalten, für die zweckmässige Anlegung des Hospitals Sorge zu tragen, die in dem letzteren beschäftigten Feldschere und Apotheker zu überwachen, nach Pflicht und bestem Gewissen die darin aufgenommenen Unteroffiziere und Gemeinen ohne Entgelt zu behandeln, wogegen er von den Offizieren „ein Honorar nach ihrer Gelegenheit und Diskretion" annehmen durfte. Der zunächst unter ihm stehende Stabs-Feldscher konnte zwar zur Behandlung innerer Krankheiten auch verwendet werden, sollte jedoch, unter gleichen Bedingungen wie der Medicus, zunächst „der Verwundeten oder Beschädigten sich fleissig annehmen und solche nach seinem besten Verstande mit Wundarzneien, Salben und Pflastern behülflich sein". Ihm beigegeben war ein Stabs-Feldscher-Gesell mit monatlich 15 Thlr. Gehalt; das Unterpersonal waren gewöhnliche Spital-Feldschere mit 6 Thlr. Löhnung. Gleichen Gehalt und Rang hatte mit dem Stabs-Feldscher der Feldapotheker, der für gute Medikamente zu sorgen, die Recepte des Feldmedicus und Stabs-Feldschers „treulich zuzurichten", über die an Unteroffiziere und Gemeine unentgeltlich auszugebenden Medikamente Rechnung zu führen, an Offiziere aber solche gegen „ein Billiges" abzulassen hatte. Sein Assistent war der mit 12 Thlr. besoldete Apothekergeselle. — Welchen militärischen Rang das gesamte Personal bekleidete, vermag ich nicht nachzuweisen; nur aus der Zahl der für die Obern ausgeworfenen Mundportionen — Stabsmedicus, Stabs-Feldscher und Feldapotheker je 2 Portionen — darf man schliessen, dass sie ihren Rang gleich nach dem Fähndrich einnahmen. Für ihr Fortkommen hatten die beiden ersteren selbst zu sorgen, erhielten jedoch resp. 2 und 1 Ration. Zum Etat der Feldapotheke gehörten 6 Pferde und 2 Wagen.

Auch in den nachfolgenden Feldzügen finden wir dieses feldärztliche Personal wieder; nur seine Zahl hatte sich bei dem grösser gewordenen Heere und bei den über grössere Länderstrecken ausgedehnten Kriegsoperationen und der dadurch nothwendig gewordenen Aufstellung mehrerer Hospitäler nach und nach vergrössert. Der ärztliche und wundärztliche Vorstand des immer in der Nähe der operirenden Armee befindlichen Hauptspitals bekamen ihrem Titel das Wort „General" vorgesetzt, ja der letztere nannte sich sogar Generalstabs-Chirurg, während seine Kollegen in den übrigen Spitälern noch Stabs-Feldschere blieben und ebenso ihr Gehalt wie die Feldmedici, die ersteren bis auf 27 Thlr. 12 Gr., die letzteren bis auf 36 Thlr. 16 Gr. verringert sahen. Dem Regiments-Feldscher nahm man 1692 die Sorge für Anschaffung und Unterhaltung des Medicinkastens und gab ihm statt der bisher bezogenen 6 Pfg. für den Mann, eine monatliche Zulage von 5 Thlrn. aus der Regimentskasse, welche Zulage man 1693 auf 1 Thlr. für jede Kompagnie erhöhte, und endlich 1694 so feststellte, dass er nach den gewöhnlichen Abzügen von seinem Gehalte (2 Gr. von jedem Tractamentsthaler zur Regimentskasse) monatlich 12 Thlr. reine Einkünfte hatte. Was seinen Rang anlangt, so zählte man ihn noch am Ende des 17. Jahrhunderts im Allgemeinen den Offizieren bei, während der Kompagnie-Feldscher seinen Rang zwischen Fourier und Corporal behielt. Dem letzteren wurde das anfänglich gereichte Beckengeld von monatlich 6 Pfg. für jeden Mann im Jahre 1694 in eine runde Summe von 3 Thlrn. zu verwandeln bestimmt, bis man auch diese wieder einzog und es nun dem Hauptmann überliess, seinem Kompagnie-Feldscher zuzulegen.

18. Jahrhundert.

Das 18. Jahrhundert war im Allgemeinen die philosophische Zeit des schwungvollen Strebens der Menschheit nach Wahrheit. Medicinisch war es diejenige der unvermittelt auf einander stossenden Gegensätze, des Suchens nach Ordnung und Systemen. Den chemiatrischen und iatromechanischen Schulen des 17. Jahrhunderts folgte nun ein vernünftiger Eklecticismus, welcher in dem grossen Boerhaave seinen hervorragendsten Vertreter fand.

Auf militärischem Gebiete griff man schon an der Pforte dieses neuen Zeitraums in Sachsen, da die Werbungsversuche für die Heeresergänzung nur zu oft ohne genügenden Erfolg blieben, auf Zeit zu der ganz neuen Maassregel, die *persönliche* Kriegsdienstpflicht der Unterthanen zu beanspruchen — die erste, wenn auch vorübergehende Andeutung des Volksheeres.

Die neue Zeit[*]) hatte freilich auch neue Kriege im Gefolge. Von 1700—1706[1]) fochten verschiedene Armee-Korps gegen die Schweden, von 1702—1709 vier Kürassier- und sechs Infanterie-Regimenter im kaiserlichen Solde gegen Frankreich und 1709—1713 ein Reichskontingent von 9000 Mann in den Niederlanden. Ferner nahm von 1709—1715 ein Korps von 15000 Mann an den fortgesetzten Feldzügen gegen die Schweden, und von 1715—1717 gegen die Conföderirten in Polen thätigen Antheil. Unter Kurfürst Friedrich August II.

---

[*]) Fortsetzung zu Seite 15.

[1]) Der Friedensschluss vom 24. September 1706 zwischen König Karl XII. von Schweden und August dem Starken ist in Altranstädt, einem nordwestlich von Markranstädt gelegenen Dorfe, in welchem jener fast ein Jahr lang sein Hauptquartier hatte, erfolgt. In dem dortigen Schlosse des Grafen Hohenthal zeigt man noch die bezügliche Friedensstube. Bei einem Besuche derselben (1885) wurde mir ein Tisch mit einer eingelegten Schieferplatte und ein bleiernes Tintenfass gezeigt, welche bei dem Friedensschlusse gebraucht worden sein sollen. An der Wand hingen zwei eingerahmte Fensterscheiben, in deren einer „1707 den 12. Märtz" und in der andern ein Abschiedsgruss „Adieu alt Ranstätt, je vai à Suède etc." mit der Jahrzahl 1760 eingekritzelt stand. — Altranstädt ist übrigens auch der Geburtsort des kurfürstlichen Hofnarren Klaus, welcher am 12. Jan. 1530 in Torgau gestorben ist. — H. Fr.

(reg. von 1733—1763) setzten sich die Feldzüge gegen die Conföderirten in Polen von 1733—1735 ¹), gegen Frankreich im Reichsdienste 1735, gegen die Türken von 1737—1739 und in dem 1. schlesischen Kriege von 1741—1742 fort. Für letzteren hatte das sächsische Heer in der Stärke von 19 Bataillonen (15287 Mann) und 26 Escadrons (gegen 5000 Mann) am 7., 8. und 9. November 1741 unter General Graf Rutowsky die sächsisch-böhmische Grenze ²) überschritten.

Dieser General ordnete in seiner an die Infanterie gerichteten Anweisung vom 14. November 1741 Maassregeln sowohl für die Gesundheitspflege als auch für die Bergung der Verwundeten an. Es heisst daselbst: „diejenigen aber, so dergleichen Früchte, welche der Gesundheit nachtheilig zu seyn pflegen, als Pilzen, Gurken und dergl. ins Lager bringen sollten, nicht zugelassen, sondern mit ihren Früchten vom Lager abgewiesen werden. Die Secrete müssen zum wenigsten 100 Schritte vom Lager Platz vor oder hinter, auch wo es seyn kann an den Fluss angeleget, auch von Morgen bis zur Nacht eine Post jedoch sonder Gewehr und nur mit einem Stocke versehen, dahin gesetzet werden, welche diejenigen, so neben selbigen Unreinigkeiten machen sollten, abzutreiben haben." ³)

Für die Attaque und Erstürmung von Prag bestimmt Rutowsky: „Es werden bey denen 3 Grenadier-Bataillons 3 Regiments und 6 Kompagnie-Feldscheerers kommandirt, ingleichen werden bey denen 4 Corps kommandiret 2 Regiments, und 8 Kompagnie Feldscheers, welche von den sämmtlichen Infanterie-Regimentern zu geben sind.

Der General-Staabs-Feldscheer Wassermann, marchiret gleichfalls, und bleibet nebst obigen Regiments und Kompagnie Feldscheers in dem Küchen-Garthen von denen Jesuitern, allwo die blessirten hingebracht werden sollen, das wegen sie genugsame Instrumente und Bandagen mit sich zu nehmen haben.

Der Obrist-Lieut. von Kötschau, welcher bey denen Arbeitern kommandirt ist, detachiret, nach dem der Graben gefüllet worden,

---

1) Die während der Feldzüge in Polen beobachtete Krankheit siehe in „Gründliche Nachrichten von der sogenannten Pohlnischen Krankheit, welche bei der Pohlnischen und Sächsischen Armee in Pohlen bisher umgegangen, etc. G. Ch. Meuder" (O. O.) 1735. 8°. Die Belagerung und Einnahme der Stadt Danzig 1734 vgl. in „Accurate Nachricht von der Russisch und Sächsischen Belager- und Bombardirung der Stadt Danzig etc. Von unparteyischer Feder entworfen." Cöln 1735.

2) Vgl. v. Winkler „Die Kriegsereignisse bei der Sächsischen Armee in Böhmen 1741 und 1742" im Archiv für sächsische Geschichte. 8. Bd. Leipzig 1870.

3) Vgl. „Kriegsgeschichtliche Einzelschriften. Herausgegeben vom Grossen Generalstabe. Abtheilung für Kriegsgeschichte." Heft 7. 1886.

1 Kapitain, 2 Offiziers, 6 Unter Offiziers, und 100 Mann, um die blessirten allda nach dem Küchen-Gartten der Jesuiter hin zu bringen, von wannen Sie, nach dem die blessirten verbunden sind, durch dieselben Arbeiter ins Lager gebracht werden sollen. Die Offiziers sollen Acht haben, dass mit denen blessirten nicht mehr Mannschafft, als von nöthen, mitgehen. Der Obrist-Lieutenant kan auch nach Proportion der blessirten mehrere Mannschafft darzu detachiren."

Für den Abend des 26. Novembers befahl Rutowsky betreffs der Verwundetenpflege folgendes:

„Hiernächst werden denn auch zu denen 4 Grenadier-Bataillons 2 Regiments und 8 Kompag: Feldschers, ingl. bey denen 4 Corps oder Bataill: 2 Regim: und 8 Kompag: Feldschers kommandiret, welche von denen sämmtlichen Infanterie-Regimentern zu geben sind, und der Gener: Staabs-Feldscher Wassermann nebst seinen Gesellen auch sämbtl: obigen Regiments und Kompag: Feldschers verbleiben in dem Dorffe Bubaneck, allwo die Blessirten durch die Arbeithers hingeschafft werden sollen und weswegen der Gener: Staabs-Feldscher sowohl als alle übrige Regim: und Comp: Feldschers sich mit gehörigen Instrumenten und hinlänglichen Bandagen zu versehen haben. Der Hr: Oberst v. Koetschau aber, welcher nebst den Herrn Major von Fraislich zu denen Zimmerleuthen und Arbeiters kommandiret ist, detachiret sobald die Grenadiers über den Wall gestiegen sind, 1 Kapitain 2 Offizier 6 Unteroffizier und 100 Mann umb die Blessirten so sich in den Graben und sonsten an, auf und hinter der Festung befinden, nach dem Dorffe Bubaneck zu bringen; Die Hr: Offiziers aber haben hierbei acht, dass mit dergleichen blessirten nicht mehr Mannschaft gehen, als dazu von nöthen sey, die übrigen blessirten hingegen werden ad interim in die Stadt auf die Haupt-Wache gebracht und daselbst verbunden."

Rutowsky's Anordnungen deckten das sanitäre Bedürfniss völlig; denn der Verlust bei der Erstürmung Prags den 25./26. November 1741 betrug ausser 3 Offizieren und 10 Mann, welche gefallen, nur 61 Verwundete einschliesslich 7 Offiziere.

Welch' ein Herz Rutowsky für seine Soldaten hatte und wie er in guter Verpflegung das beste Mittel gegen Krankheiten erkannte, geht aus dem Berichte hervor, welchen er in Angesicht des Winters über den Zustand seiner Truppen erstattete: „Die Infanterie vergeht bei Hunger und Kummer, ohne den ganzen Tag etwas warmes zu geniessen, denn fände der Soldat auch etwas zu kochen, so kann er dies doch aus Mangel an Salz nicht zurichten. Bis jetzt zählt die Armee schon 1000 Kranke, kommen nicht bald warme Decken an, durch welche sich die Leute bei der eingetretenen Kälte in den Zelten schützen können, so werden sich die Krankheiten noch mehr vermehren und die Armee voraussichtlich in 2 Monaten vollständig aufgerieben sein." Am 15. December befanden sich bei der Infanterie nur noch 440 Kranke und 59 Verwundete, bei der Kavallerie 74 Kranke. Nach namhaften Verlusten an Menschen etc. kehrten die Truppen Anfangs Juli 1742 nach Sachsen zurück.

Beträchtlich wurde das Heer Sachsens durch den unglücklichen 2. schlesischen Krieg von 1744—1745 geschwächt und nach und nach durch fortwährende Reductionen von seinem höchsten Bestande, 51778 Mann, bis auf 16000 vermindert.

Es folgt nun der siebenjährige Krieg. Bereits 1757 formirte sich ein 10000 Mann starkes Korps Infanterie in Ungarn und nahm unter dem Befehl des Prinzen Xaver an den Feldzügen der französischen Heere gegen Preussen und dessen Verbündete Theil. Besonders schwer fühlte Sachsen die Drangsale des neuen Krieges dadurch, dass Friedrich II. binnen 6 Jahren nicht weniger als 80000 Rekruten ausheben und sie unter seine Regimenter vertheilen liess.[1]

Zwei in diesen Krieg fallende Verträge bedürfen der Erwähnung wegen ihrer Bedachtnahme auf die Krankenpflege. Artikel 12 der Kapitulation nach der Einschliessung der kursächsischen Armee in ihrem Lager bei Pirna und Königstein, geschlossen zwischen Preussen und Sachsen (Feldmarschall Graf v. Rutowsky) zu Ebenheid unter dem Lilienstein den 15. October 1756 lautete: „Es geruhen Allerhöchst-Dieselben allergnädigst zu erlauben, dass vor den Transport, das Unterkommen und Verpflegung derer zurückgelassenen Kranken die nöthige Besorgung genommen werden möge." Der Friedensvertrag zu Hubertusburg den 15. Februar 1763 zwischen dem König von Preussen und Kurfürst von Sachsen enthält im Nebenvertrag unter 1: „Wenn die Königlich Preussischen Truppen Sachsen evakuiren, so bleiben die Lazarethe zu Torgau und Wittenberg so lange, bis bey offenwerdender Schiffarth die Kranken, und alles was zum Lazareth gehört, transportiret und weggeschafft werden können, und behalten so lange freyes Obdach, Licht und Feuerung. Seiner Königlichen Majestät in Preussen stehet auch frey, bei denen Lazarethen und Magazinen überhaupt ein Detachement von 300 Mann von Dero Truppen zu lassen. Der Transport derer Lazarethe geschiehet auf Ihro Königliche Majestät in Preussen alleinige Kosten." (Vergl. S. 70 und 105 des S. 12 genannten Gurlt'schen Werkes.)

---

[1] Vgl. Dyk, Sachsens Sieben Kriege gegen Oestreich. Leipzig 1810. 16°. X, S. 193.

Weiterhin betheiligte sich ein sächsisches Heer von 22000 Mann neben der zweiten preussischen, 69113 Mann starken Armee, am bayrischen Erbfolgekriege 1778 und 1779. Die Sterblichkeit beider Heere von ziemlich gleicher Lage war auffällig verschieden: während nämlich vom preussischen Heere, welches keine Verwundeten hatte, 1500 Mann (nach Fritze sogar gegen 5200) grösstentheils an Faulfieber und Ruhr zu Grunde gingen, verlor das sächsische Heer nur 118 Mann.

Der letzte Feldzug des Jahrhunderts war derjenige am Rhein 1793—1796, zu welchem Sachsen 4 Reichskontingente von 5200 bis 10000 Mann stellte. Wie sich bei diesem Feldzuge im Ganzen und Grossen die sanitären Verhältnisse gestaltet haben, das ist in einer Abhandlung Raschig's, des späteren Generalstabsarztes, niedergelegt, mit welcher mich das „Medicinische Correspondenzblatt" — Altenburg — November 1803 (Kurzer Auszug der Geschichte der sächsischen Feldspitäler im letzten Reichskriege gegen Frankreich etc. Raschig in Dresden) freudig überrascht hat. Um die Ursprünglichkeit des Berichtes nicht zu beeinträchtigen, will ich ihn hier wörtlich folgen lassen.

„Erstes Kontingent.

In der Mitte des Monats Februar 1793 trat das erste kurfürstlich sächsische Reichskontingent, 6000 Mann stark, den Marsch nach dem Rheine über Leipzig, Erfurt, Fulda und Hanau an, und traf nach der Mitte des Monats März in der Gegend von Frankfurt a./M. ein. Bald nach der Ankunft bei Frankfurt rückten die Truppen ins Lager vor Mainz und halfen diese Festung einschliessen und belagern, welche sich zu Ende des Monats Julius ergab. Nach dieser Uebergabe gingen die Truppen über den Rhein gegen die französische Grenze vor und hatten den übrigen Sommer und Herbst verschiedene Hin- und Hermärsche auch einige Gefechte mit dem Feind, bis im Monat November die Bataille bei Kaiserslautern vorfiel, nach welcher sie ziemlich ihre vorige Stellung behielten und man sich ruhige Winterquartiere zu versprechen schien. Indessen machte am Schluss des Jahres das feindliche Durchbrechen der von den alliirten kaiserlichen Truppen besetzten Weissenburger Linien einen kleinen Rückzug näher nach Mainz nothwendig, und in dieser Stellung blieb das Korps ziemlich ruhig bis zum folgenden Frühjahr, da es von frischen Truppen aus Sachsen abgelöst wurde.

Während des Abmarsches aus Sachsen 1793 war das Wetter verschiedene Tage unfreundlich mit Schneegestöber, nachher etwas gelinder, mitunter heiter. So wechselte es mehrmals bis in die Mitte des Monats März. Die Nächte fror es jedoch mehrentheils. Als die Truppen sich Frankfurt näherten, trat angenehmere Frühlingswitterung ein. Darauf folgte jedoch nachher noch beträchtliche Kälte und Nässe. Einmal waren die Zelte von Mainz sogar mit Schnee bedeckt. Mit dem Herannahen des Sommers liess sich die Witterung wiederum ziemlich heiss an, ward jedoch nicht selten durch mehrere Tage anhaltendes Regenwetter und Gewitter abgekühlt. Der übrige Sommer und Anfang des Herbstes war schön, alsdann folgte schlaffe Witterung, der Winter war einer der gelindesten, nur selten schneite es und der Schnee blieb nicht lange liegen.

Gleich nach der Ankunft der Truppen bei Frankfurt ward in dem Mainzischen Städtchen Grossbreinheim, Hanau gegenüber, das stehende, und in dem Dorfe Sindlingen bei Höchst ein bewegliches Hospital etablirt. Nach der Eroberung von Mainz wurde das stehende Hospital in die ansehnlichen Dörfer Erbach und Hattenheim im Rheingau bei Mainz verlegt. Das bewegliche Spital folgte dem Korps in seinen verschiedenen Bewegungen, bis es im Januar 1794 auch ins Rheingau in die benachbarten Dörfer neben dem Hauptspital zu stehen kam, und allda verblieb.

Während des Marsches aus Sachsen ereigneten sich nur sehr wenig Krankheiten, worunter die vornehmsten Lungenentzündungen waren, die jedoch des täglichen Transports der Kranken in Wind und Wetter unerachtet alle geheilt wurden. Die ersten Kranken in den Spitälern waren meist chronische und äussere Uebel, besonders Krätzausschlag, ingleichen Wechselfieber, auch Gliederreissen. Allmählich fing nun auch das unter den aliirten preussischen Truppen bereits stark verbreitete Spitalfieber[1]) mit Peteschen sich zu zeigen an. Die meisten Verwundeten und auch viele von dem Personal der Spitäler wurden nach und nach damit befallen. Mit dem Anfang des Julius fing die Ruhr an unter den Truppen einzureissen und überhäufte die Spitäler mit Kranken.

Nachdem die Truppen aus dem Lager vor Mainz aufgebrochen, fing diese Krankheit an sich zu vermindern, hörte aber erst im October völlig auf. Unter den Einwohnern und dem Personal der Spitäler verbreitete sich solche indessen wenig.

Das schon erwähnte Spitalfieber erhielt sich während der Ruhrzeit ebenfalls und nahm allmählich überhand, sowie die Ruhr abnahm, jedoch fing es erst im Monat November an sich ganz vorzüglich zu

---

[1]) Unter Spitalfieber verstehe ich einen Typhus, wie ihn Pringle unter dem ersteren Namen beschrieben. — R.

verbreiten und herrschte im December und Januar gewaltig nicht unter den Truppen allein, sondern auch unter den Einwohnern fast in allen Orten dies- und jenseits des Rheins. Fast das sämmtliche Personal der Spitäler ward nach und nach davon ergriffen. Ich selbst musste eine harte Niederlage davon im November und December erfahren. Im Februar und folgenden Frühjahr liess es sodann wiederum nach und erschien endlich nur noch hin und wieder.

Wie sich die Anzahl der Kranken mit Einschluss der Verwundeten, die durchs ganze Jahr sich nicht viel über 300 Mann belaufen, in den Spitälern von Monat zu Monat verhalten, zeigt ungefähr folgende Tabelle:

Der	Bestand	den	letzten	April	1793	war	97	Kranke
=	=	=	=	Mai	=	=	137	=
=	=	=	=	Junius	=	=	169	=
=	=	=	=	Julius	=	=	371	=
=	=	=	=	August	=	=	416	=
=	=	=	=	September	=	=	396	=
=	=	=	=	October	=	=	339	=
=	=	=	=	November	=	=	478	=
=	=	=	=	December	=	=	667	=
=	=	=	=	Januar	1794	=	692	=
=	=	=	=	Februar	=	=	601	=
=	=	=	=	März	=	=	250	=

Die Summe aller Kranken und Verwundeten, die sich von dem ersten Kontingent in den Hospitälern befanden, betrug 3101 Personen, also über die Hälfte der ganzen Stärke der Truppen. Von dieser Anzahl sind 360 gestorben. Die Summe der Todten verhielt sich also zur ganzen Summe der Kranken wie 1 zu $8^{2}/_{3}$.

Zweites Kontingent.

Die im Frühjahr 1794 neu angekommenen Truppen hatten in dem diesjährigen Feldzuge gar keine ernsthafte Affaire mit dem Feind, sondern nur Hin- und Hermärsche in der Gegend von Homburg, Kreuznach, Stromberg und dem Hundsrück, die zum Theil in die heissen Sommermonate fielen. Gegen das Ende des Octobers zogen sie sich nach dem starken Vordringen des Feindes in den Niederlanden mit der Königlich Preussischen Armee diesseits des Rheins in die Gegend von Wiesbaden zurück, und bezogen daselbst die Winterquartiere, in welchen sie bis zu ihrer Ablösung im nächsten Frühjahr ruhig stehen blieben.

Die Witterung war im Frühjahr 1794 gelind und angenehm, der Sommer mässig warm, und beide weniger nass, als im vorigen Jahre. Auch der Herbst war nicht so sehr nass und kalt.

Mit dem Januar 1795 aber stellte sich eine strenge Kälte ein, sodass nicht der Main allein, sondern auch der Rhein zufror. Der Frost hielt ziemlich den Februar hindurch an, obschon er in der Heftigkeit nachliess. Alsdann ging das Wetter auf und blieb geraume Zeit nass, sodass auf den Feldern und Strassen fast nicht fortzukommen war.

Das stehende Hospital behielt seinen Stand im Rheingau bis nach der Mitte des October, da es zurück nach Seligstadt am Main verlegt wurde und mit allen Kranken den Weg dahin zu Wasser nahm. Ein bewegliches Hospital folgte im Frühjahr und Anfang des Sommers zwar der Armee, kam aber bald wieder ins Rheingau zurück und ward endlich zu Seligstadt mit dem Hauptspital vereinigt, wo alles den übrigen Herbst und Winter durch blieb, bis das zweite Kontingent wiederum durch frische Truppen abgelöst wurde.

Im Frühjahr und Anfang des Sommers 1794 gab es nicht viel Kranke. Das Spitalfieber zeigte sich nur hin und wieder nebst den andern gewöhnlichen Feld-Krankheiten. Im Monat Julius aber fing die Ruhr wieder an, sich stark unter den Truppen auszubreiten, und zwar fast noch schneller als im vorigen Jahr. Die Anzahl der Kranken in den Spitälern stieg daher während des Sommers beträchtlich. Bald aber liess diese Krankheit wiederum nach, und zwar viel früher als im verwichenen Jahr. Das Spitalfieber verbreitete sich unterdessen wieder etwas mehr, doch bei weitem nicht so sehr wie das Jahr vorher, und nahm im späten Herbst und Winter wieder sehr ab. Im Anfang des Jahres 1795 fanden sich nach Eintritt der starken Kälte hin und wieder Lungenentzündungen von stark inflammatorischem (sthenischem) Charakter ein, die seit dem ersten Ausmarsch aus Sachsen im Jahre 1793 nicht waren gesehen worden. Verwundete gab es in diesem Jahre wenig.

Die Anzahl der Kranken am Schluss jeden Monats war nach folgender Tabelle:

Den letzten	April	1794	198	Kranke
=	= Mai	=	169	=
=	= Junius	=	226	=
=	= Julius	=	671	=
=	= August	=	386	=
=	= September[1]	=	314	=
=	= October	=	444	=

---

[1] Nach einem Standesausweise vom 25. September 1794 betrug das kursächsische Kontingent 5000 Mann — vgl. S. 210 des Werkes „Herzog Albrecht von Sachsen-Teschen als Reichs-Feld-Marschall etc." Von Edl. v. Vivenot. Wien 1864. — H. Fr.

Den letzten November 1794 313 Kranke
  = = December = 298 =
  = = Januar 1795 250 =
  = = Februar = 232 =
  = = März = 301 =

Die Summe aller Kranken vom zweiten Reichskontingent betrug 2083, wovon 198 gestorben. Folglich war das Verhältniss der Gestorbenen zu der ganzen Anzahl der Kranken wie 1 zu $10^{103}/_{198}$.

Drittes Kontingent.

Nachdem im Monat März 1795 die Ablösung und zwar diesmal durch 10000 Mann frische Truppen bewirkt worden war, blieb dieses Korps zwischen Frankfurt und Hanau in den Ysenburgischen Landen bis zum Monat Junius in Kantonirung stehen und bezog alsdann bei Stockstadt am Rhein ein Lager. Von da wurde im Anfang des Julius weiter nach Mannheim aufgebrochen und unweit dieser Stadt am rechten Ufer des Neckar, nahe bei dessen Ausfluss in den Rhein, ein Lager aufgeschlagen. Am 4. September marschirte das Korps von da aus wieder nach Rysselsheim am Main, zog sich bald in die Gegend von Darmstadt zurück und trat am Schluss des Septembers über Miltenberg, Würzburg und Bamberg den Rückmarsch nach Sachsen an, wo die Truppen bereits zu Ausgang des Octobers ankamen.

Die Witterung war im Frühjahr und zu Anfang des Sommers ungewöhnlich nass und regnerisch. In dem Lager bei Stockstadt mussten die Soldaten vom Regen besonders viel ausstehen, welcher den flachen und fetten Boden fast in einen Morast verwandelte. Im Monat Julius schwoll der Neckar und Rhein an, und überschwemmte die Lagerstelle, sodass das Lager von den Ufern beider Flüsse weiter aufwärts verlegt werden musste. Zu Ende Julius liess der viele Regen nach und es gab viele schöne und warme Tage bis Anfang September. Von da an war die Witterung sehr vermischt und ward allmählich immer rauher bis zu Ende October, da wieder einige Wochen beständigeres und heiteres Wetter folgte. Im November und December stellte sich allmählich ein mässig kalter, mehr feuchter als trockener Herbst und Winter ein.

Das stehende Spital verblieb anfangs in Seligstadt, zugleich aber wurde auf dem Herrenhaug ohnweit Budingen eine neue Lazarethabtheilung angelegt, wohin alle neuen Kranken von der Armee, die da herum in der Nachbarschaft stand, geschafft wurden. Als darauf zu Ende Mai die Truppen sich wieder über den Main herüber bei Stockstadt gegen den Rhein und endlich nach Mannheim zogen, liess man das Herrhanger Lazareth allmählich eingehen und etablirte vom Monat Julius an das Hauptlazareth in dem im Jahre 1793 schon einmal innegehabten Städtchen und alten Schloss Gross-Steinheim, Hanau gegenüber, indess die Seligstädter Abtheilung vollends eingehen sollte. Ein fliegendes Hospital ward zu Ober-Ramstadt am Fusse des Odenwaldes eingerichtet, und folgte nachher der Armee nach Ladenburg bei Mannheim. Um diese Zeit ward auch der weiten Entfernung wegen, vom Hauptspital zu Steinheim ein Intermediär-Spital zu Bensheim an der Bergstrasse errichtet, welches die ohne Gefahr nicht weiter zu transportirenden Mannschaften einstweilen aufnehmen und behalten musste. In der Mitte des September ward die Bensheimer Spitalabtheilung wieder mit dem Hauptspital zu Steinheim vereinigt. Die Anzahl der Kranken war unterdessen gegen 1300 angewachsen, welche Steinheim nicht alle fassen konnte, sodass das kaum von Kranken entleert gewesene Seligstadt wieder zum Spital gezogen werden musste. Das bewegliche Spital behielt sehr wenig Kranke, wie gewöhnlich, um im Nothfall nur sogleich zur Aufnahme einer beträchtlichen Anzahl Verwundeter bereit zu sein, und folgte der Armee so nahe wie möglich in ihren verschiedenen Bewegungen, und endlich bis auf die sächsische Grenze, wo es zu Pausa im Voigtland etablirt ward.

Dem mit so vielen Kranken angefüllten Hauptlazareth stand nun eine lange und äusserst schwierige Retirade bevor, bei deren Anfang man jedoch wusste, dass der Rückzug bis hinter Würzburg gehen sollte, während dessen erst unterwegs der Befehl nachkam, bis Bamberg und noch weiter sich zurückzuziehen. Für die schwereren Kranken, die nicht zu gehen im Stande waren, blieb kein anderes Fortkommen als zu Wasser, weil aller Vorspann und alles Fuhrwerk zu Lande von der retirirenden Bagage und Tross der gesammten alliirten Armee, ingleichen von flüchtenden Einwohnern schon weggenommen war. Auf dem Wasser ging es äusserst langsam, wegen der Krümmungen und Seichtigkeit des Mains, und die Witterung und Jahreszeit war den Kranken besonders des Nachts sehr ungünstig. Zu Wasser wurden ungefähr 700 Mann transportirt und nicht viel weniger gingen zu Lande grösstentheils zu Fusse, soweit sie kommen konnten. Unterwegs wurde einige Zeit zu Miltenberg und dann wieder zu Mark-Ostheim im Würzburgischen angehalten und schwerere Kranke vom Lande auf die Schiffe, und Reconvalescenten von diesen zu Lande gebracht, während dessen es immer noch einigen Zuwachs von der Armee gab. Am 16. und 17. October trafen alle Krankentransports bei Bamberg ein, und wurden in den Dörfern Bischberg und Oberhayd nebst anderen untergebracht. Sogleich darauf mussten alle leichte Kranke und Halb-Reconvalescenten, die nur einigermaassen fortzukommen im Stande waren, den Weg zu Fusse nach Sachsen antreten, und es blieb in den Dörfern Bischberg und Oberhayd der Auszug der schwersten Kranken. In der Mitte des December war endlich von diesen der grösste Theil genesen und bereits nach Sachsen abgeschickt worden, und das Spital konnte nunmehr ebenfalls folgen. Im April, Mai und Junius stellte sich unter den verschiedenen und den in Feldspitälern besonders perennirenden Krankheiten, der Krätze und dem Spitalfieber, etwas mehr als gewöhnlich Wechselfieber ein. Im Ganzen war jedoch der Zuwachs der Kranken bis zum August dem Abgang nicht sehr überlegen. Im Anfang des Julius bis Ende September kamen zwar wiederum einige Ruhrkranke in den Spitälern an, allein diese Krankheit verbreitete sich unter den Truppen weit weniger als in den beiden vorigen Jahren. An ihrer Stelle erschienen hingegen die Wechselfieber ausserordentlich häufig. Von den 1440 Kranken, die sich Anfang October in den Spitälern befanden, hatten gewiss 1000 ein Wechselfieber, oder waren noch auf dem Wege der Genesung von einem solchen Fieber. Verwundete gab es in diesem Feldzuge gar nicht.

Nach dem Abmarsch des Korps nach Sachsen in der Mitte des Octobers, hatte das Spital bei Bamberg keinen Zuwachs mehr, allein desto mehr mit den Folgen des langen Wassertransports und dem Ueberrest der schwersten Kranken, unter welchen sich in der That ein gewisser Grad von Scharbock eingefunden hatte, zu thun.

Den Bestand der Kranken in den Spitälern am Schlusse jeden Monats zeigt folgende Tabelle:

Den letzten	April	1795	176	Kranke
=	= Mai	=	265	=
=	= Junius	=	298	=
=	= Julius	=	306	=
=	= August	=	558	=
=	= September	=	1440	=
=	= October	=	226	=
=	= November	=	150	=

Die Summe aller Kranken von diesem Kontingent betrug 2975, wovon 244 gestorben. Folglich verhielt sich die Anzahl der Todten zur ganzen Summe wie 1 zu $12^{47}/_{244}$.

Viertes Kontingent.

In der Mitte des März 1796 brach das vierte Kontingent, 10000 Mann stark, zum Theil aus Truppen bestehend, welche schon den ersten Feldzug von 1793 mitgemacht, aus Sachsen auf und langte zu Ende April jenseits des Rheins zwischen Mainz und Worms an, wo es anfänglich Kantonirungen bezog. Zu Ende des Mai war der bisher bestandene Waffenstillstand gekündigt und die Truppen rückten weiter vorwärts ins Lager. In der Mitte des Junius mussten selbige wieder diesseits des Rheins sich nach Wetzlar ziehen, wo das bekannte Gefecht vorfiel. Als aber bald darauf der Feind am Ober-Rhein bei Kehl wieder vordrang, musste das sächsische Kontingent sich von Wetzlar aus längs des Rheins bis in die Gegend von Pforzheim, und endlich nach Schwäbisch Hall ziehen. Indessen ging die bei Wetzlar zurückgedrängte feindliche Armee auch von Neuem wieder über den Rhein und drängte allmählich das ihm entgegenstehende Kaiserliche Armee-Korps über Frankfurt nach Würzburg und Bamberg, bis an die sächsische und böhmische Grenze zurück. Das sächsische Reichskontingent musste sich also zu Beschützung der eigenen Lande, von Schwäbisch Hall so eilig als möglich auf die sächsische Grenze bei Plauen im Voigtlande zurückbegeben. Hier blieben die Truppen noch einige Zeit im Lager stehen, bis sie endlich nach Abschluss des Waffenstillstandes und nachdem der Kriegsschauplatz sich wieder von der Grenze weit entfernt hatte, nach und nach ziemlich alle in ihre gewöhnlichen Standquartiere wieder einrückten.

Die Witterung war beim Ausmarsch ungewöhnlich kalt, es fiel nach der Mitte des März noch ein starker Schnee. Die letzten Tage des Monats fiel wieder Thauwetter ein. Den April hindurch blieb die Witterung gelind. Der Mai war grösstentheils kühl und nass. Die übrigen Monate hielt sich die Witterung abwechselnd, doch mehr kühl und feucht als heiss und trocken.

Sobald die Truppen an den Ort ihrer Bestimmung jenseits des Rheins angekommen waren, wurde ein bewegliches Hospital zu Geinsheim ohnweit des Rheins, Oppenheim schief gegenüber, und das Hauptspital zu Ober-Ramstadt und Reinheim am Fusse des Odenwaldes angelegt.

Kurz vor der Wetzlarschen Affaire zog sich das bewegliche Spital wieder nach Seligstadt am Main. Nach dem Abmarsch des sächsischen Korps in die Gegend von Pforzheim folgten kleine Abtheilungen des Spitals demselben. Bei dem neuen Vordringen des Feindes vom Nieder-Rhein her musste sich das stehende und bewegliche Hospital ganz von seinem Korps getrennt mit den Kranken schleunig über Würzburg und Bamberg bis auf die sächsische Grenze zurückziehen. Der Transport von ungefähr 400 Kranken wurde zu Lande nicht ohne die grössten Schwierigkeiten bewerkstelligt. Dreimal mussten die Kranken auf ihren Transportwagen des Nachts unter freiem Himmel bleiben, wobei ihnen zum Glück die Witterung und Jahreszeit im Monat Julius sehr günstig war. Zu Ende des Julius war das Hauptspital anfänglich nach Pausa im Voigtlande und sodann nach Zwickau verlegt, bis mit Abschluss des Waffenstillstandes der Feldzug sein Ende erreicht hatte. Die Anzahl der Kranken war in diesem kurzen Feldzug in Vergleich gegen die vorigen ebenfalls unbedeutend. Es stach keine besondere Epidemie hervor. Der Ausschlag, das Spital- und Wechselfieber waren diejenigen Krankheiten die noch am häufigsten vorkamen. Die Ruhr zeigte sich sehr sparsam im Monat Junius und Julius. Zu Ende des letzteren Monats gab es keinen einzigen Kranken dieser Art mehr im Spital. An Verwundeten mochten sich etwas über 50 Mann nach und nach in den Spitälern befunden haben.

Der Bestand der Mannschaft war mit Schluss jeden Monats wie folgt:

    Den letzten April   1796   54 Kranke
    =   =   Mai   =   216   =
    =   =   Junius   =   428   =
    =   =   Julius   =   514   =
    =   =   August   =   272   =

Die Summe aller Kranken des vierten Kontingents betrug 1274, wovon 79 gestorben. Die Anzahl der Todten verhielt sich demnach zur ganzen Anzahl der Kranken wie 1 zu $16^{10}/_{19}$" etc.

Die wichtigsten Thatsachen, welche aus dieser höchst werthvollen Abhandlung hervorgehen, sind folgende:

1) Bei jedem Kontingente hat man, mag es 5200 (bez. nach Raschig 6000) oder 10000 Mann stark sein, bereits ein Hauptspital oder stehendes Spital und ein bewegliches oder fliegendes Spital gehabt; und unter Umständen hat man noch ein intermediäres (Etappenspital, wie wir heute sagen würden) Spital für die ohne Gefahr nicht weiter zu transportirenden Kranken eingerichtet. Der Zweck des beweglichen Spitals ist genau bezeichnet: es folgt dem Heere in allen seinen Bewegungen und behält nur wenige Kranke, um immer bereit für die Aufnahme Verwundeter zu bleiben.

2) Die Spitäler werden mit Vorliebe in kleinen Orten, besonders Dörfern, aufgeschlagen.

3) Der Wassertransport (auf dem Maine) der Kranken wird trotz seiner Schwierigkeiten dem Landtransporte vorgezogen.

4) Der Gesammtverlust der 4, jährlich abgelösten, Kontingente durch Tod hat 881 Mann betragen (nach Schuster's etc. Geschichte

1014 und zwar: 88 gefallen, 156 an Wunden gestorben, 762 an Krankheiten gestorben und 8 verunglückt).

Dies die sächsischen Feldzüge des 18. Jahrhunderts und ihre wichtigsten sanitären Vorkommnisse.

Garnison-Krankenverpflegung
im 18. Jahrhundert.*)

Der Mangel an ständiger Militär-Kranken-Unterkunft setzte nach grossen blutigen Schlachten und zu Seuchenzeiten die Gemeinden in die peinlichsten Verlegenheiten. Oft konnten dieselben den Forderungen des Militärs nur mit den schwersten Opfern oder überhaupt nicht entsprechen. Die beispiellosen Kosten, welche ein am 15. December 1745[1]) nach der Schlacht bei Kesselsdorf in Meissen errichtetes und bis 2. April 1746 daselbst fortbestandenes preussisches Lazareth hat beanspruchen müssen, sind in den Annalen Meissens mit Nachdruck genannt. Und so war es auch vorher die Besorgniss vor einer aus Böhmen eindringenden Seuche, welche den ersten Anstoss dazu gab, dass Ende 1713 Generallieutenant Wustromirsky von Rockittnigk (1647—1718) und Oberst Hildebrand beantragten, ein *Garnisonhospital* für Dresden zu errichten. Sie brachten hierzu, da die Garnison während der Pestzeit ihre Quartiere in der Festung Dresden verlassen und nach der damaligen Altstadt (seit 1732 „Neustadt" genannt) gezogen werden sollte, das vor dem schwarzen Thore, ausserhalb der Festung auf dem Sande befindliche, dem Büchsenmacher Röber gehörige Haus, sowie zwei Nachbarhäuser in Vorschlag. Im ersteren glaubte man die Kranken, in letzterem das Lazareth-Personal unterzubringen.

Durch Allerhöchstes Rescript vom 15. December 1713 erhielt das Geheime Kriegsraths-Collegium die Anweisung, sich zuvörderst nach „zwei verständigen Feldscherern und einem gewissenhaften, redlichen und geschickten Verwalter umzusehen" und sich mit selbigen, sowie mit denjenigen Personen, welche sich zu Krankenwärtern, Leichenträgern und Todtengräbern gebrauchen lassen möchten „auf ein gewisses leidliches Wartegeld zu vergleichen." Aller Aufwand des Lazareths wurde der Kriegs-Kasse zugewiesen; auch sollte vornehmlich darauf gesehen werden, „dass soviel wie möglich die in der,

---

*) Fortsetzung zu Seite 16.

1) In diesem Jahre erschien die nennenswerthe Schrift von Mart. Simeon Starck „Med. Unterricht der nach Anleitung der Natur eingerichtet und aus der Erfahrung hergeleitet worden, vor angehende Feldscherer zum Nutzen der K. Poln. und Chur-Sächsischen Armee". Leipzig u. Dresden 1745. 8°. 1746. 8°.

zu des Landmanns Gebrauch, bei der Deputatione sanitatis entworfenen und durch den Druck bekannt gemachten Nachricht vorgeschriebenen Hausmittel und wenig kostbaren Arzneien präparirt und gebraucht würden."

Das vorgenannte Collegium ordnete nun die Anstellung eines (Pest-)Priesters, zweier Krankenwärterinnen vorläufig mit einem Wartegeld von monatlich 1 Thlr. 8 Gr. (für die Dauer der etwaigen Seuche 2 Thlr. 16 Gr.) und einer täglichen Brotportion, zweier Feldschere mit 6 Thlr. und 12 Thlr., eines Lazarethverwalters etc. an. Die Namen der Pest-Feldschere oder Barbiergesellen waren Johann Christian Herfort aus Zittau und Johann Friedrich Rockow aus Berlin, welchen nach Belieben des Dresdner Stadtraths statt des Quartiers das gehörige Quartiergeld ausgezahlt werden durfte.

Der Ausbau des neuen Lazareths dauerte vom 1. Februar bis 30. September 1714. Inzwischen scheint die befürchtete Seuche damals Dresden nicht betroffen zu haben, und das Hospital als solches gar nicht benutzt worden zu sein. Denn nach einem Berichte des Bauschreibers Pietzsch vom 2. März 1718 war bereits unter dem 10. Juli 1716 von dem Geheimen Kriegsraths-Collegium verfügt worden, „dass mit Vermiethung der Logiamenter im Lazarethhause vor Altstadt-Dresden fortgefahren werden sollte", und waren damals 7 Quartiere zu einem Jahreszinse von 4 und 5 Thlr. vermiethet. Endlich verordnete das mehrgenannte Collegium unter dem 9. Mai 1732, dass das Lazarethhaus für die 1729 errichtete Grenadier-Garde zur Unterbringung ihrer Kranken eingeräumt würde.

Die Weiterentwicklung des Dresdner Militär-Lazareth-Wesens erhielt im ersten schlesischen Kriege einen erneuten Anstoss. Als nämlich im Jahre 1742 mehrere von Leitmeritz nach Dresden gesendete Kriegsgefangene, unter denen sich 45 Kranke befanden, in Dresden unterzubringen waren, bestimmte das Geheime Cabinet laut Protokoll vom 9. Februar 1742, dass letztere in dem nur von wenigen Garde-Grenadieren belegten Lazarethgebäude aufgenommen werden sollten.

Dagegen erhob der Kommandant General von Bodt Einwand, und infolge dessen befahl S. Königliche Majestät, dass erwähnte Kranke im städtischen Krankenhause ihr Unterkommen zu finden hätten.

Da indess der Stadtrath sich weigerte, die Unterbringung von Militärkranken im Stadtkrankenhause anzuordnen, die Leib-Grenadier-Garde aber jenes Lazareth als nur für ihre Kranken bestimmt, sich privatim aneignete und selbst die Aufnahme der Kranken anderer sächsischer Regimenter versagte, so trat das Geheime Kriegsraths-

Collegium mit dem Feldmarschall, Herzog zu Sachsen-Weissenfels, in Bezug auf die Anlegung eines „beständigen Lazareths für die Armee im Lande" in Verhandlung.

Dabei kam man immer wieder auf das Garde-Lazareth zurück, so dass endlich ein Allerhöchstes Rescript vom 29. December 1742 verordnete: dass bis zur Anlegung eines oder mehrerer Lazarethe im Lande vor der Hand und zur „Treffung einiger Menage" der eine Flügel des Lazareths vor dem schwarzen Thore für die Kranken der Leib-Grenadier-Garde, der andre Flügel aber für die Kranken von der übrigen Armee bestimmt und eingerichtet werde.

Indess der damalige Gouverneur, General Graf Rutowsky, verweigerte in einem Promemoria vom 12. Januar 1743 die Abtretung eines Flügels, weil ein Flügel zur Unterbringung der Kranken der Garde nicht ausreiche, worauf endlich im Jahre 1745 das Geheime Kriegsraths-Collegium den 1746 zur Ausführung gebrachten Vorschlag machte, das gedachte Lazareth durch einen Erweiterungsbau geräumiger zu machen.

Mit diesem Vorgehen war gleichsam das Eis gebrochen, und es wurde nun auch dem Antrage des Generalstabsmedicus Dr. Hähnel vom 3. März 1751 auf Errichtung von *Regimentsstabsspitälern* am 5. Mai d. J. zu entsprechen beschlossen und bald darauf seinem Entwurfe gemäss verfahren. Dass diese Vorkehrungen besonders bei grösseren Truppenzusammenziehungen noch nicht ausreichten, davon überzeugten zur Genüge die Vorbereitungen auf den bayrischen Erbfolgekrieg 1778. Denn am 3. Mai d. J. befahl Kurfürst Friedrich August III. wegen der vorhandenen Kranken die Errichtung eines Militärlazarethes in Dresden an und bestimmte gleichzeitig hierzu nicht nur die Reitbahn in dem Riesche'schen (später Vitzthum'schen) Garten auf der grossen Plauenschen Gasse, sondern auch einige unweit davon gelegene Häuser ungesäumt einzuräumen und die nöthigen Geräthe zu versorgen. Bei aller Mühe, die der Rath sich gab, dem kurfürstlichen Befehle Folge zu leisten, blieb ihm schliesslich doch nichts übrig, als den Landesherrn noch an demselben Tage durch Zuschrift an das Geheime Kriegs-Raths-Collegium zu benachrichtigen, dass die erwähnte Reitbahn von der Garde du Corps als Fouragemagazin benutzt werde, und in der Nähe auch nicht ein Haus gefunden worden sei, das zur Unterbringung Kranker dienen könnte, da alle Häuser theils mit Einwohnern, theils mit Soldaten besetzt wären. Uebrigens kenne der Rath weder in der Stadt noch in den Vorstädten, Friedrichsstadt etwa ausgenommen, Gebäude, die dem im Rescript angegebenen Zwecke zu dienen vermöchten; auch bitte er, ihn von der Verpflichtung, die benöthigten Bettstellen, Lager- und andere Geräthschaften zu beschaffen, wegen Unkenntniss in solcher Sache gnädigst zu entbinden. Da in der Folge dieser Angelegenheit in den Akten nicht weiter gedacht wird, so steht zu vermuthen, dass der Landesherr sie nicht weiter verfolgte, sondern sich mit der Anlegung des Hauptlazareths in Neustadt begnügte.

Schon am 7. Mai 1778 langte ein neues Rescript beim Dresdner Rathe an, welches bestimmte, die Stadtbehörde möge zur Beschaffung der für das anzulegende Hauptlazareth nöthigen Charpie „vorzüglich die hiesige Judenschaft bedeuten, dass sie 10 Centner reinliche alte Leinwand an den Feldlazareth-Commissar Holzapfel schleunigst abzuliefern habe", aber auch die Bürgerschaft ermahnen, „soviel davon zu spenden, als sie hat und entrathen kann". Am nächsten Tage wurde den beiden Aeltesten der hiesigen jüdischen Gemeinde die landesherrliche Verordnung auf dem Rathhause publicirt, ihnen auch eine Abschrift derselben eingehändigt, während die Bürger durch Rathswächter und Heimbürginnen, sowie am 9. Mai durch den Rath selbst Kenntniss davon erhielten. Ob und wieviel die Bürgerschaft Leinwand gespendet, kann nicht angegeben werden, aber über die Juden erfährt man, dass sie sich die allerdings beträchtliche Lieferung möglichst leicht zu machen suchten, denn sie hatten nach Verlauf von etwa vier Wochen etwas über einen Centner Leinwand zusammengebracht. Als sie dieselbe beim Lazarethcommissar abgeben wollten, wurde ihre Spende um deswillen zurückgewiesen, „weil sie blos in kleinen Hadern und Fleckchen, mehrentheils auch aus ganz zerrissenem, bunten, mithin völlig unbrauchbaren Zeuge bestand."

Der Kurfürst, davon benachrichtigt, verfügte daher unterm 6. Juni, die jüdische Gemeinde „sofort gemessenst zu bedeuten, dass sie nunmehr sothanes Quantum derer 10 Centner brauchbaren weissen leinenen Zeuges, sonder fernern Anstand, und längstens binnen 8 Tagen bey Vermeidung 50 Thaler Strafe vorhinan befohlenermassen im Proviant-Back-Hausse allhier zu Neustadt abliefern sollte." Es schien ihr jedoch unmöglich, die geforderte Quantität zu beschaffen, und als bei Ablieferung von 4½ Centner Leinwand ein Drittel davon wegen Untauglichkeit zurückgewiesen wurde, wandte sie sich mit einer Eingabe direkt an den Kurfürsten und bat, da es Armuthswegen nicht gelinge, mehr als noch einen Centner aufzubringen, ihr die Lieferung des übrigen geforderten Zeuges zu erlassen. Die Eingabe hatte den gewünschten Erfolg.

Kaum war das 2. Armee-Korps der befreundeten Preussen in

die Umgegend von Dresden am 4. Juli eingerückt, erneuerte sich die Verlegenheit um die Krankenunterkunft; denn es ging am 12. Juli beim Dresdner Rath ein kurfürstliches Rescript ein, welches die sofortige Räumung des bei dem Vergnügungsorte „Hamburgs" liegenden Probirhauses anordnete, weil in demselben für die im Lager erkrankten Preussen ein Lazareth eingerichtet werden sollte. Jedenfalls erwies sich das Gebäude für diesen Zweck nicht ausreichend, denn die Preussen nahmen am Abend des 15. Juli auch „Hamburgs" selbst mit in Beschlag.

Auch diese Ausbilfe genügte nicht, als im September 1778 wiederholt Kranke und Verwundete des verbündeten Heeres in Dresden eintrafen, da man diese nunmehr in Lazarethen unterbrachte, die in verschiedenen passend gelegenen Bürgerhäusern eingerichtet worden waren.

Mit der Sorge des Rathes um die Unterbringung der Kranken verband sich schliesslich auch die Sorge um die Unterbringung der Todten. Denn am 23. September 1778 erfolgte auf dem Rathhause die Anzeige, dass die in den Lazarethen auf dem Probirhaus, Hamburg und Altona verstorbenen Preussen nur etwa 1 Elle tief begraben würden, was nothwendig die übelsten Folgen für die Gesundheit der Dresdner Einwohner nach sich ziehen müsse.

Weil die erwähnten Häuser unter das kurfürstliche Amt gehörten, wurde demselben von der Klage umgehend Mittheilung gemacht, gleichzeitig aber wurde auch an den sächsischen Geheimen Kriegsrath v. Walther und Cronegk darüber Bericht erstattet. Letzterer wandte sich an das preussische Feld-Kriegs-Commissariat, das seinerseits den Leutnant von Glöden beauftragte, die Sache zu untersuchen.

Dieser Offizier, welcher die Beerdigungen der in den genannten Lazarethen verstorbenen preussischen Soldaten zu überwachen hatte, berichtet folgendes in seinem vom 5. October datirten Schreiben: „Aus der mir von Einem Königlichen Commissariat unterm heutigen dato communicirte Denunciation eines sich nennenden Actuarii Fleischer ersehe ich mit Befremden, wie sich derselbe mit einer ganz unbegründeten Angabe .... amusiret hat.... Ich gebe gern zu, dass, wenn die Todte nach dem falschen Vorgeben des Denuncianten nur eine Elle tief verscharret werden, solches vielleicht üble Folgen vor die Gesundheit der Einwohner nach sich ziehen könne, wenn besonders die Beerdigung in der Stadt geschähe, da aber auf meinem Befehl die Todte wo nicht tiefer, doch wenigstens 5 Fuss tief, und noch mit einem 3 Fuss hohen Hügel begraben worden, ich auch selbst die Proben, dass es geschehen, gesehen habe; So glaube ich, dass der Denunciant, von dem ich behaupten will, dass er selbst nicht weiss, wo die Todte begraben werden, mit seiner falschen Denunciation und voreiligen Vorsorge für die üble Folgen vor die Gesundheit der davon weit entfernten Einwohner vor der Hand noch einpacken könne, sondern noch warten müsse, bis seine Angabe gründlicher als jetzo sey." Dieser Bericht wurde vom preussischen Kriegscommissariat an den Geheimen Kriegsrath v. Walther und Cronegk und von diesem an den Stadtrath geschickt, dem nichts übrig blieb, die Angelegenheit damit als abgeschlossen zu betrachten.

Diese warnungsvollen Erfahrungen genügten, um die Fürsorge für eine reichliche Unterkunft der Militärkranken, namentlich der Dresdner Garnison, wach zu erhalten. Und so wurde 1781 der Anbau noch eines Flügels an das ursprüngliche Lazareth beschlossen, und ausserdem am 24. März 1783 für die Garde du Corps „Kottens Schänke" an der Bürgerwiese angekauft und zu einem Lazareth eingerichtet.

Gewinnung und wissenschaftliche Erziehung des Sanitäts-Personals im 18. Jahrhundert.

Während des 18. Jahrhunderts waren die Chirurgen noch streng von den Aerzten, auch im Unterricht, geschieden und diesen nicht ebenbürtig erachtet. Der Unterricht in der Chirurgie wurde an eignen Lehranstalten oder auch an den Universitäten ertheilt, also nicht mehr ausschliesslich bei den Zunftgenossen, obschon für die niedere Klasse der Chirurgen in vielen Orten noch die letztere Weise galt. Die Barbiere waren noch allgemein als Bestandtheile des medicinischen Personals angesehen und als Chirurgen bezeichnet. Sie, die als Gesellen die Barbierschüssel geschwungen, bildeten sich nicht selten zu Chirurgen von bleibender Bedeutung aus. Die grosse Mehrheit dieser Handwerker aber bestand aus höchst ungebildeten und unfähigen Leuten, welche als Feldschere dem Heerwesen mehr Gefahr als Nutzen brachten.

Diese Thatsache weckte allenthalben und auch besonders in Sachsen die Sehnsucht, für das Heer ein brauchbares Sanitäts-Unterpersonal zu besitzen. Der letztern in Sachsen zuerst Ausdruck gegeben zu haben, ist das unschätzbare Verdienst des Generalstabsmedicus von Hofmann, welcher am 15. Januar 1740 in einem ausführlichen amtlichen Berichte unter Hinweis auf das Ausland [1] die

---

[1] Schon in der Mitte des 13. Jahrhunderts hatte Pitard, der Leibarzt Ludwigs des Heiligen (welcher entweder durch das beim 5. Kreuzzug 1248—1254

Nothwendigkeit der Errichtung einer chirurgischen Lehranstalt, in der sich der Chirurgie widmenden Jünglingen die für ihren künftigen Beruf so höchst nöthigen Kenntnisse der Anatomie, Physiologie etc. beizubringen seien — bewies.

Der kurz darauf ausbrechende 1. schlesische Krieg vereitelte zwar höheren Orts ein näheres Eingehen auf diesen Plan; anderseits aber wurde dieser Krieg zur mittelbaren Veranlassung für die Verwirklichung des Hofmann'schen Gedankens. Es war nämlich der Feldlazareth-Medicus Pitschel, welcher die Unbrauchbarkeit der sächsischen Unterwundärzte gelegentlich der Direction der Feldspitäler in Böhmen genügend kennen lernte und diesen Aerzten noch während des Feldzugs Unterricht ertheilte. Nach Dresden zurückgekehrt, wurde er von seinen Schülern um Fortsetzung des Unterrichts gebeten. Pitschel ging bereitwillig darauf ein und reichte 1743 einen Plan für die Errichtung eines
„*Collegium medico-chirurgicum*" 1)
an höherer Stelle ein. Man ging in der Hauptsache auf den Plan nunmehr ein, indem man dem etc. Pitschel zu seinen Vorträgen über Anatomie und chirurgische Operationslehre den nöthigen Raum in einem Flügel der Neustädter Kaserne anwies.

Nächst den traurigen Erlebnissen im unglücklichen 2. schlesischen Kriege (1744—1745) war es noch ein Ereigniss, welches fördernd auf die Wiederaufnahme des erwähnten Errichtungsplanes einwirkte. Im Jahre 1746 nämlich fand der Graf von Hennike, als er im Namen des Kurfürsten von Sachsen das Herzogthum Weissenfels in Besitz genommen, in den Sammlungen des Herzogs anatomische Präparate und sandte dieselben nach Dresden zur Benutzung beim wundärztlichen Unterrichte.

Nunmehr überreichte der Hofchirurg zu Dresden (vormaliger Leibchirurg des Herzogs von Weissenfels) Günther erneut den Plan zu einem Collegium medico-chirurgicum, sich anlehnend an den Plan des 1746 verstorbenen von Hofmann. Laut königl. Rescripts vom

---

beobachtete Elend oder durch die Bekanntschaft mit sarazenischen Militärärzten oder durch das Licht der damals in höchster Blüthe stehenden Salernitanischen Schule oder durch diese vereinigten Umstände hierzu veranlasst wurde) mit Lanfranchi und Andern das „Collegium der Wundärzte" in Paris gegründet.

In Preussen bestand seit 1713 ein Theatrum anatomicum, welches 1724 auf Vorschlag des Generalchirurgen E. C. Holtzendorff in ein Collegium medico-chirurgicum verwandelt worden war und besonders auf *Feld*-Wundärzte abzielte. — H. Fr.

1) Vgl. Zeitschrift für Natur- und Heilkunde, Bände 1820—1828 und meinen Aufsatz im „Feldarzt" 1877 Nr. 9.

8. Mai 1748 wurde endlich der Plan Günther's endgiltig genehmigt — zu dem Zwecke, für die Armee tüchtige Wundärzte zu erziehen und das Publikum mit geschickten Wundärzten zu versorgen.

Bereits im September 1748 begannen die Vorträge. Ein königlicher Befehl vom 7. September 1748 verordnete: „dass in Zukunft keiner, der nicht von dem Collegio medico-chirurgico die aufgegebenen Anatomischen und Chirurgischen Specimina publice exhibiret, und wegen seiner Geschicklichkeit ein Attestat vom gedachten Collegio erhalten habe, zu einem Regimentsfeldscheerplatz zu admittiren sei." Zugleich ging an alle Regimenter die Weisung, von einem jeden derselben „zwei der qualificirtesten Feldscheerer zunächst auf 1 Jahr lang, zu fleissiger Abwartung obenerwähnter Lectionum und Demonstrationum zu kommandiren, und denjenigen, welche sich durch Fleiss und Application distinguiren würden, die Aussicht auf ferneres Avancement zu eröffnen."

Laut königl. Generale vom 18. September 1748 wurde auch sämmtlichen Barbier- und Badergesellen des Landes gegen sehr mässige Einschreibegebühren gestattet, den Vorlesungen über Anatomie, Physiologie, Chirurgie, Pathologie und Therapie beizuwohnen und an den praktischen Uebungen auf dem anatomischen Theater gegen Erlegung von 12 Thalern theilzunehmen; ja es wurde ihnen sogar (vergl. C. A. 1. I. 695. Kühn 137. Schmalz S. 35) bekannt gemacht, dass nach des Königs Willen diejenigen von ihnen, „welche bei erwähntem Collegio medico-chirurgico das Examen ausgestanden und zur Treibung der Chirurgie tüchtig befunden worden, auf die von selbigem darüber erhaltenen Attestate, bei denen Barbirer- und Bader-Innungen, ohne dass es eines weiteren Examens bedarf, zum Meisterrecht admittiret, diejenigen auch, welche ihren Operations-Cursum bei besagtem Collegio gemacht, und mit einem Zeugniss dieserhalb versehen, sowohl bei Erkaufung der Barbir- und Baderstuben etc. also auch insbesondere bei Besetzung derer Amts- und Raths-Barbirstellen, andern, welche dergleichen nicht vor sich haben, vorgezogen werden sollen."

Nach Fertigstellung des Baues des grossen Hörsaales in der erwähnten Neustädter Kaserne wurde am 18. November 1748 die Anstalt feierlich eröffnet. Zunächst waren vier, anfangs unbesoldete Lehrer thätig, von welchen, dem königlichen Willen gemäss, zwei (der für Pathologie und Therapie, sowie der für Chirurgie) dem militär-ärztlichen Stande selbst angehören mussten. Diese vier verdienstvollen Männer waren: der Nachfolger von Hofmann's, der frühere Feld- und Kommissariatsmedicus, Generalstabsmedicus und Leibarzt

Dr. Hähnel[1]), der Kasernenmedicus Pitschel, der Hofmedicus Dr. Samuel Kretzschmar und der Hofchirurgus Günther. Ueberdies wurden bald sechs der unterrichtetsten Kompagnie- und Lazareth-Feldscherer, welche die nächste Anwartschaft auf Regiments-Feldschererstellen hatten, als Pensionär-Feldschere angestellt, um als Assistenten der Lehrer verwendet zu werden. Der als Prosector fungirende Assistent bekam monatlich 15 Thaler, die übrigen erhielten je nach ihrer früheren Stellung (im Hospitale oder bei der Kompagnie) 12 und 8 Thaler Gehalt nebst Quartiergeld oder freiem Quartier.

Klinische Anstalten waren zu jener Zeit mit dem Collegium noch nicht verbunden, sondern wurden erst nach und nach errichtet. Am 22. November 1751 wurde der Plan des Leibarztes Dr. Neid für Errichtung eines chirurgischen Spitals, zunächst für kranke Soldaten, in demselben Flügel der Kaserne, in welchem sich das Collegium befand, genehmigt und demgemäss eine sogenannte Charité für 12, dann für 16 Betten eingerichtet.

In die Regierungszeit Friedrich August's III. (reg. 1768—1827) fallen nun für das Collegium beträchtliche Fortschritte. Es wurden z. B. Lehrstellen für die Heilmittellehre und Zahnchirurgie errichtet, ein chirurgischer Instrumentenmacher angestellt und 1789 die bereiten Ausgaben für das chirurgische Spital um 400 Thaler erhöht.

Nach einem 40jährigen Bestehen hatte das Collegium gewissermaassen die Reife einer selbständigen Existenz erlangt. Es hatte festen Fuss gefasst im Flügel D der Kasernen zu Neustadt-Dresden, und ein für nicht weniger als 200 Zuhörer bestimmter Hörsaal mit amphitheatralischen Sitzen legte Zeugniss ab für die Hoffnungen, welche die Lehrer an diese Anstalt knüpften.

Die Zahl der Studirenden mehrte sich in der That sehr rasch: in den ersten Jahren wurden durchschnittlich 15 bis 20, in den Jahren 1770—1790 30 bis 40 und später 60 bis 70 jährlich neu aufgenommen, so dass in den Jahren um 1810 gewöhnlich 140 bis 150 Studirende zugleich vorhanden waren. Die Summe aller Besucher in den Jahren 1748—1813 betrug 2425, und zwar in den ersten 30 Jahren 459, von da ab bis 1813 1966.[2]) Von diesen 1966 aber

---

[1]) Ist vermuthlich derselbe, den Dr. Fr. Börner in seinen „Nachrichten" etc. Wolfenbüttel. 3. Bd. 1755. S. 348 „Christian Heinrich Hänel" nennt. — H. Fr.

[2]) Unter diesen befand sich 1804 auch Carl Ferdinand Gräfe (geb. 1787 zu Warschau, gest. 1840) Preussens nachmaliger dritter Generalstabsarzt. Er studirte unter Hänel Anatomie, unter Lorenz Geburtshilfe und unter Hedenus (1760—1836), der grossen Einfluss auf ihn ausübte, Wundheilkunde. Auch der

sind abgegangen zum Dienst beim Militär 581, zum Dienst im Civil 1385.

Allein so segensreich sich diese Anstalt augenscheinlich erwies — den ländererschütternden Kriegsereignissen des Jahres 1813 hielt auch sie nicht Stand. Im August 1813 musste das Collegium medico-chirurgicum mit seinen Anstalten den Kriegern weichen. Das chirurgische Spital wurde ganz aufgelöst, die Lehrer mussten ihre Kasernen-Wohnungen verlassen, die Vorträge hörten auf, auch die Sammlungen mussten fortgebracht werden, und endlich musste selbst der Hörsaal, in welchem im März 1814 einige Lehrer ihre Vorlesungen wieder zu halten den Versuch gemacht hatten, geräumt und dem Militär übergeben werden.

Militärische Stellung des Sanitäts-Personals
im 18. Jahrhundert.*)

Zu Anfang des 18. Jahrhunderts (1705) befanden sich bei einem Infanterie-Regiment, welches 1391 Mann stark war und aus 2 Bataillonen zu je 8 Kompagnien bestand, 1 Regiments-Feldscher mit 8 Gehilfen[1]). Der Kompagnie-Feldscher hatte seinen Rang zwischen Fourier und Korporal. Als Monatsgehalt waren für ihn seit dem Jahre 1700 5 Thlr. ausgeworfen, wovon jedoch der Kompagnie-Kommandant, von dem er Brot und Montirung bekam, 12 Gr. für Brot, 12 Gr. Leibesmontour, 8 Gr. Beimontour, 4 Gr. Kopfgeld, 1 Gr. Feldkasten und 1 Gr. Invalidenkasse, in Summa 1 Thlr. 14 Gr. zurückbehielt. Quartier bekam er wie jeder Unteroffizier und Gemeine in einem Bürgerhause angewiesen. Das Gehalt des Regiments-Feldschers war gegen 1712 nach hergestelltem Frieden auf 12 Thlr. bei der Kavallerie und 10 Thlr. bei der Infanterie normirt; zu diesem Fixum trat jedoch eine Regimentszulage, weil das ausgesetzte Tractament für ihre Dienstleistungen zu gering sei. Durch die Ordonnanz von 1714, durch welche die Stadtgemeinden der Verpflichtung enthoben wurden, für das Quartier der Offiziere fernerhin Sorge zu tragen, bekamen letztere auf Staatskosten Quartiergeld nach folgenden Sätzen: der Hauptmann monatlich 4, der Lieutenant $2^1/_2$, der Cornet oder Fähndrich $2^1/_2$, der Auditeur 2 und der Regiments-Feldscher nur 1 Thlr. — woraus ersichtlich, dass die Offiziers-Natur des letzteren nicht eine zweifel-

---

nachmals berühmte Professor K. A. Weinhold (1782—1829) hat seit 1796 hier studirt. — H. Fr.

*) Fortsetzung zu Seite 20.

1) Nach Schuster und Francke: Geschichte der sächsischen Armee. Leipzig 1885. 1. Theil. S. 163.

lose gewesen sein mag. Im September 1728 wurde die Feldartillerie auf 1 Bataillon mit 4 Kompagnien je zu 141 Mann vermehrt; bei jeder Kompagnie stand 1 Feldscher (zwischen Fourier und Kanonier-Korporal).

Am 21. December 1739 wurde an die Spitze des Sanitätswesens ein ständiger Generalstabsmedicus gestellt mit einem Jahresgehalte von 1000 Thlr., der, wie es in dem Bestallungsdecrete vom 11. Januar 1740 für Dr. Hofmann heisst, zwar seinen gewöhnlichen Wohnsitz in Dresden haben, jedoch von hier aus die einzelnen Garnisonen inspiciren, die bei den Regimentern anzunehmenden Regiments- und Kompagnie-Feldscherer nicht nur vor ihrer Anstellung examiniren, sondern selbigen auch, wenn sie ihn vorkommenden Falles konsuliren, mit gutem Rath und Unterricht an die Hand gehen sollte. Hofmann, oder wie er sich später genannt findet: von Hofmann[1]) starb im Jahre 1746. Seine nächsten Nachfolger im Amte waren Hähnel († 1777), Otto († 1781), Pitschel († 1797)[2]) und Raschig[3]) († 1821).

Etwa 10 Jahre nach der Errichtung dieser hochwichtigen Stelle wurden die Gehälter aller Regiments-Feldscherer auf monatlich 20 Thlr. festgesetzt und ihnen nebenbei auch der sogenannte Medicamentengroschen wiedergegeben, wofür sie nun, wie 60 Jahre früher, die Medicin wieder selbst zu besorgen hatten. Dafür aber, heisst es in einer Ordre d. d. 3. April 1750, seien sie auch mit allem Nachdruck anzuhalten, „dass sie bei vorfallenden Begebenheiten, einen

---

1) Namen thun zwar i. A. nichts zur Sache; gleichwohl sind sie oft werthvolle Anhaltspunkte für spätere Geschichtsforscher. Ich möchte deshalb nicht anstehen, hier noch namentlich zweier Feldscherer zu gedenken, welche ich zufällig in dem ältesten Exemplare des Dresdner Anzeigers vom 1. September 1730 als am 27. bez. 28. August 1730 „angekommene Fremde" entdeckt habe. Es sind dies Feldscher Hoffmann von der 2. Guarde und Regiments-Feldscher Schlegel vom Löwendalischen Regimente. Ferner hat es nach Dr. Fr. Börner's „Nachrichten" etc. 3. Band S. 348 (Wolfenbüttel 1755) im Jahre 1755 in Dresden einen Garnisonmedicus Martin Simon Starcke gegeben — vgl. Anm. zu S. 33. — H. Fr.

2) Nach dem Biographischen Lexikon (Wien und Leipzig 1886) ist Friedr. Lebegott Pitschel geb. zu Tautenburg 1714, war Prof. der Anat. u. Physiol. am Colleg. med.-chir., schrieb „anat. u. chir. Anmerkungen, welchen eine kurze Nachricht von dem Colleg. med.-chir. zu Dresden vorangeschickt wird" (nebst 5 Kupfertafeln. Dresden 1784) und starb d. 10. Sept. 1785 in Dresden. — H. Fr.

3) Christoph Eusebius Raschig war nach Biogr. Lexikon geb. zu Dresden 14. März 1766, studirte in Wittenberg, Dresden und Jena, liess sich dann in Dresden nieder, wurde 1788 Schriftführer des Sanitätscollegiums, 1798 Generalstabsarzt, 1815 Prof. der Med. an der med.-chir. Akademie, legte 1825 seine militärische Stellung nieder und starb 19. Mai 1827. — H. Fr.

Kranken dem Kompagnie-Feldscherer nicht lediglich überlassen, sondern in gefährlich scheinenden Umständen den Patienten selbst in Obacht nehmen und nöthigen Falls, wenn die Kompagnie vom Staabe entfernt liegt, eine Reise zu unternehmen nicht mehr scheuen dürften."
Nur der Ober-Feldscher bei der Garde du Corps, sowie bei der Leib-Grenadier-Garde und der des Artillerie-Korps behielten 30 Thlr. Gehalt, entweder um sie, wie die ganze Truppe, durch erhöhtes Tractament auszuzeichnen, oder vielleicht auch nur in der Absicht, um sie dadurch ihren Collegen bei den starken Infanterieregimentern, welche ein weit stärkeres Medicingeld bezogen, gleich zu stellen. Das monatliche Quartiergeld betrug wie vorher 1 Thlr. Das Gehalt für die Kompagnie-Feldscherer war bei der Infanterie bis auf 5 Thlr. 19 Ggr., bei der Kavallerie bis auf 4 Thlr. 14 Ggr. erhöht; nebenbei bekamen aber Beide, gleich den übrigen Unteroffizieren der Kompagnie, Brot und Bekleidung von dem Kompagniekommandanten, freies Quartier und ein sogenanntes Beckengeld für ihre Function als Barbiere der Kompagnie. Hinsichtlich der Bekleidung unterschieden sie sich von einem Korporal nur durch den Mangel farbiger Rabatten und des farbigen Aermelaufschlags, und bei der Infanterie noch durch das Tragen eines Degens.

Die Bestimmung, dass in den Lazarethen ein Feldscher wohnen, um so nicht nur die Kranken stets unter seinen Augen zu haben, sondern um auch die Verordnungen des Regiments-Feldschers genau ausführen zu können, fand, da schon von jedem Regiment zwei der erstern nach Dresden zur Anhörung der Vorträge beim Collegio medico-chirurgico kommandirt, und die Kompagnien oft einzeln dislocirt waren, seine Schwierigkeiten, welche zu beseitigen den Regimentern überlassen blieb. Zunächst, so scheint es wenigstens, schlugen sich die Regiments-Feldscherer ins Mittel, die der damaligen Sitte gemäss irgend einer Baderinnung als Meister zugehörig, von ihrem so erworbenen Rechte Lehrlinge zu halten, Gebrauch zu machen anfingen. Diese wurden in's Spital gesteckt, wo sie unter den Augen ihres Herrn die niedern chirurgischen Handleistungen verrichten, das Zubereiten von Pflastern, Salben etc. erlernen und die Mischung der Pulver, die Bereitung der Decocte und Mixturen übernehmen und schliesslich die Kranken barbieren mussten. Die Regimentscommandanten gaben ihnen die Erlaubniss, die Uniform des Regiments tragen zu dürfen, und somit war der Feldschergesell, wie sie bald genannt wurden, ein gemachter Mann, der nach überstandenen drei Lehrjahren gewöhnlich als wirklicher Feldscher eintrat. Mehr als in einer gewöhnlichen Barbierstube hatten diese jungen Leute allerdings Gelegenheit zu lernen, weswegen es auch den Regiments-Feldscherern zum Verdrusse der Stadtbarbiere an Bewerbern um solche Stellen nicht fehlte. Das Halten von Lehrlingen erreichte übrigens sehr bald seine Endschaft. Der Ausbruch des siebenjährigen Krieges war dieser Speculation nicht günstig und die während seiner Dauer neu angestellten Regiments-Feldscherer leisteten Verzicht auf die Ehre Mitglieder einer Baderzunft zu sein; nur noch einige der ältern hingen dem alten System mit Liebe an, bis endlich auch ihnen das Halten von Lehrlingen gesetzlich untersagt wurde. An die Stelle von Lehrlingen des Regiments-Feldschers traten bald nach beendetem Kriege, zuerst nur bei der Kavallerie, später aber auch bei der Infanterie etatsmässige Stabs-Feldscherer, die auch den Dienst im Hospitale versahen und, wenn auch nicht als Lehrlinge, doch als Amanuenses des Regiments-Feldschers angesehen wurden.

Im Jahre 1753 erschien ein gedrucktes Dienstreglement für das Heer. Aus demselben (und zwar aus dem der Kavallerie) sei es gestattet, einige Paragraphen, welche das ärztliche Personal angehen, im Auszuge wiederzugeben. Im Kapitel der Disciplin heisst es § 23: „Die Fouriers, Feldschers, Trompeter, Tambours etc. haben, jeder in seiner Art, der vorgeschriebenen Disciplin in allen Stücken zu folgen: sie stehen unter Autorität und Fuchtel des Wachtmeisters. Die Trompeter allein sind davon ausgenommen, denn wenn auch dem Kommando des Wachtmeisters untergeben, so können sie doch nur von Offiziers gezüchtigt werden." Ferner p. 534: „Die Regiments-Feldschers und der Auditor tragen keine Portd'épées¹), jedoch letztrer, sowie die Regiments-Quartiermeister die Offiziers-Monture." Dann p. 536: „Der Regiments-Feldscher bekommt zum Begräbniss keine bewehrte Mannschaft, doch können Soldaten zum Tragen seiner Leiche genommen werden und die Offiziere ihr folgen." Das Kapitel 16 handelt vom Dienst der Feldscherer allein. Die §§ lauten folgendermaassen: § 1. „Ein jeder Obrister soll äusserstens bemüht seyn, einen guten, erfahrenen und fleissigen Regiments-Feldscherer zu haben, doch kann er keinen in Eid und Pflicht nehmen, ohne dass derselbe nicht vorher vom Generalstabs-Medico in dem Collegio medico-chirurgico examinirt und approbirt sei." Eine diesen § erläuternde Ordre vom 31. August 1753 bestimmt, dass drey sich dazu qualificirende Subjecte vom Generalstabs-Medico dem Chef des Regiments zur Auswahl vorgeschlagen werden sollen. § 2. „Der Regi-

---

1) An anderer Stelle heisst es: „Der Regiments-Feldscher kann die Couleur, Doublüre und Veste von der Regimentsuniform führen; sein Kleid aber muss anders als die Offiziers-Montour façonnirt sein."

ments-Feldscher muss beständig mit wohlconditionirten frischen Medicamenten versehen seyn, wovon sich der Major dann und wann mit Zuziehung eines Physici zu überzeugen hat. § 4. Alle gefährlichen und in specie die venerischen Kranken, sollen in das Lazareth gebracht, und von dem Regiments-Feldscherer, die letztern vor ein gewisses, billiges Quantum, kuriret werden. Der Kapitain leistet dem Manne hierzu den nöthigen Vorschuss. § 5. Die Kompagnie-Feldschers wollen dergleichen Kur oft auf des Regiments-Feldschers Unkosten heimlich entrepreniren oder die Leute auch selbst ihr Uebel verbergen. Um diesem Unfuge zu steuern, sollen die Kompagnien allmonatlich in Gegenwart eines Lieutenants, des Wachtmeisters und der Korporale visitirt werden. Finden sich aber demungeachtet noch Venerische vor, so soll der Lieutnant in Arrest und die Unteroffiziers auf die Schildwacht kommen, der Kompagnie-Feldscher aber vom Regimente gejagt werden, weil ohne Nachlässigkeit oder Nachsicht der Visitation, ohnmöglich das Uebel in kurzer Zeit bedeutend überhand nehmen kann. § 6. Alle zwei Monat hat der Regiments-Feldscher die Kompagnien unerwartet selbst zu visitiren. Ebenso untersucht er alle Rekruten, ob sie gesund und zum Herrendienst tüchtig sind. Die Kompagnie-Feldschers berechnen ihm die aufgegangenen Medicamente, und der Kapitain invigilirt die erstern, dass sie nicht zu des Regiments-Feldschers Schaden Bürger und Bauern aus dem Kompagniekasten kuriren. § 7. Wenn keine Feldschersgesellen beim Stabe sind, soll dem Regiments-Feldscher von den Kompagnien etwas gereicht werden, einen Barbier vor die Stabswachten zu halten. Die chirurgischen Instrumente hat der Oberst, nach einer vom Generalstabs-Medico gegebenen Spezification von dem Kopfgelde anzuschaffen, der Regiments-Feldscher aber selbige in guten Stande zu erhalten. § 8. Der Regiments-Feldscher kann bei Vergehungen und Nachlässigkeiten im Dienst von seinem Oberst nicht anders als ein Subalternoffizier tractiret werden. Die Kompagnie-Feldschers sind von dem Regiments-Feldscher zu engagiren und zu examiniren, sind jedoch dem Generalstabs-Medico zur Approbation zuzuschicken. Die Kapitains sollen sie bescheiden und glimpflich tractiren, doch scharf zu ihrer Schuldigkeit anhalten. Die Kapitains sollen sich nicht entbrechen, denen Kranken mit Bouillons und anderen Refraichissements zu assistiren, und dem Kompagnie-Feldscher seinen kleinen Zuschuss unter dem Namen des Beckengeldes zu gewähren."

Gesetzliche, den ärztlichen Dienst angehende Abänderungen erfuhr die eben mitgetheilte Instruction bis zum Jahre 1810 zwar nicht, dennoch aber hatte die alles zerstörende und neu schaffende Zeit ihren Einfluss auch hier geltend gemacht. Durch das bestehende Collegium medico-chirurgicum war die Chirurgie selbst mehr zu Ehren gekommen, und somit genossen auch ihre Jünger eine grössere Achtung, in deren Folge sie noch im Laufe des 18. Jahrhunderts das sie entehrende Bartputzen grösstentheils von der Hand wiesen, und kraft einer Generalordre die Kompagnie-Feldschere inskünftige „Sie" genannt werden sollten.

Der Etat an Sanitäts-Personal betrug 1753 bei einem 514 Mann starken Kavallerie-Regiment 1 Regiments-Feldscher und 8 Feldschere und bei einem 1104 Mann zählenden Infanterie-Regimente 1 Regiments-Feldscher und 12 Feldschere. Die Regiments-Feldschere wurden zwischen Auditeur und Pauker bez. Hautboist aufgeführt, die Feldschere zwischen Fourier und Korporal.

In der unter dem 3. Juli 1763 genehmigten Neu-Verfassung des Heeres kommt ausser dem Generalstabs-Medicus vor, und zwar bei der Garde du Corps (= 4 Escadrons) 1 Oberfeldscher zwischen Oberauditeur und Stabsquartiermeister, 1 Stabs-Feldschergeselle zwischen Pauker und Profos, und bei jeder Escadron 1 Feldscher zwischen Korporal und Trompeter; unter dem 27. April 1764 wurde die Garde du Corps auf 1 Escadron herabgesetzt; die Kavallerie-Regimenter setzten sich mit Ausnahme der Cheveauxlegers-Regimenter, welche bis zur Rückkehr aus Polen 8 Kompagnien behielten, aus nur 4 Escadrons zusammen, wodurch sich für sie auch die Zahl der Feldschere verminderte; bei jedem Infanterie-Regimente stand wie bisher 1 Regiments-Feldscher (zwischen Auditeur und Fahnenjunker) und bei jeder Infanterie-Kompagnie 1 Feldscher. Bei der Artillerie befand sich 1 Oberfeldscher zwischen Auditeur und Stabsfourier und bei jeder der 8 Kanonier-Kompagnien sowie beim Füsilierkorps 1 Feldscher.[1]

Was die Uniform der Regiments-Feldschere am Ende des 18. Jahrhunderts anlangt, so war ihr Hut noch ohne Cordon; nur dem Oberfeldscher der Garde du Corps war es gestattet ein solches zu tragen. Der Kompagnie-Feldscher hatte die Kamaschen abgelegt und benutzte dafür hohe, bis ans Knie reichende Stiefeln. Die Uniform des Feldmedicus war dunkelblau mit goldener Stickerei auf Kragen und Aufschlägen, die der Stabsfeldschere (oder Oberchirurgen wie sie später, oder Stabschirurgen wie sie seit 1805 genannt wurden) hechtgrau mit rothen Kragen und Aufschlägen. Beide trugen goldene Porte-épées und Hutcordons, und letztere noch eine rothe Weste mit goldener Bordüre. Die Uniform der Stabs-Feldscherge-

---

[1] Vgl. Schuster und Francke: Geschichte des sächsischen Heeres.

sellen (oder Unterchirurgen wie sie später, oder Oberchirurgen wie sie seit 1805 hiessen) glich jener der Stabschirurgen; nur war die Weste ohne Goldbesatz, sowie der Hut ohne Cordons und der Degen ohne Porte-épées. Der Hospital-Feldscher (oder Unterchirurg seit 1805) trug einen hechtgrauen Rock mit rothem Kragen. —

19. Jahrhundert.
Erste Hälfte.

Mit dem neuen Jahrhundert brach auch eine neue fortschrittsreiche Zeit für die europäischen Heere*) und ihre sanitären Beziehungen an. Napoleon I. gab mit seiner bis dahin unerhörten Kriegsführung den Anstoss zu einem völlig veränderten Kriegswesen; vor seinem furchtbaren Einflusse bauten sich neuartige Heeresgestalten auf, inmitten deren die Kriegsführung als Wissenschaft und Kunst zu erstehen begann. An seiner Seite aber stand der erleuchtete Larrey, welcher in die Napoleonischen Kriegsgrundsätze das Sanitäts-Detail mit unverwischlichen Zügen eingrub. Kriegszeiten, geistreiche Feldherrn und sanitäre Organisationstalente vereinten sich hier auf dem Boden des stehenden Heerwesens zu einem Bündnisse, wie es zu allen Zeiten als das mächtigste Fortschrittsprincip der Militär-Sanitätseinrichtungen angesprochen werden muss.

Sachsen war der Beruf vorbehalten, eine besondere Rolle in dieser Kriegs-Tragödie der europäischen Völker zu übernehmen. Im Feldzuge 1806 stand es gegenüber Napoleon auf preussischer Seite. In der kurzen Zeit von wenigen Wochen sollte es hier unvergesslich traurige Erfahrungen sammeln. Die Verluste der 22000 Sachsen[1]) betrugen nach v. Montbé: auf dem Schlachtfelde geblieben 12 Offiziere und 107 Mannschaften, an Wunden und Krankheiten gestorben 10 Offiziere und 68 Mannschaften, vermisst 1 Offizier und 428 Mannschaften, und verwundet waren überdies 119 Offiziere und 1718 Mannschaften. (Bericht vom 20. December 1806.)

Im Jahre 1809 bei dem Ausbruche des Krieges zwischen Frankreich und Oesterreich wurde ein Bundeskontingent von 19000 Mann

---

*) Fortsetzung zu Seite 33.
1) Nach Dyk (l. c. S. 34) belief sich die Zahl der mit der 2. preussischen Armee vereinigten Sachsen auf 20000. Das war übrigens die Grösse des Kontingents, welches Sachsen nach der am 12. Juli 1806 zu Paris abgeschlossenen Bundesacte für den Rheinbund zur Bundesarmee beizutragen hatte (Dyk S. 56).

zum französischen Heere gestellt, und kehrte dasselbe Anfangs 1810 nach Sachsen zurück.

In diesem letzteren Jahre war es, in welchem die Ergänzung des Heeres auf ganz neue Grundlagen, auf die Conscription, gestellt wurde, und die wir, um die quantitative Betheiligung Sachsens an den folgenden Kriegen zu verstehen, hier kurz skizziren müssen.

Für die Gewinnung des Heeres war in den meisten deutschen Heeren noch während des ganzen 18. Jahrhunderts (jedoch mit allen seinen Schattenseiten nur bis in die Mitte desselben) das *Werbe-System* im Gebrauch gewesen. Die vom Lande zu stellenden Rekruten hatte man in Sachsen noch am Anfange des 18. Jahrhunderts nur insoweit verwendet, wie die freie Werbung den Bedarf nicht deckte.

Dieses Werbe-System untergrub die Ehre des Waffendienstes vollständig und schlug der öffentlichen und persönlichen Sittlichkeit die grössten Wunden. Die Werbeplätze boten der Faulheit und Lüderlichkeit, ja selbst dem Verbrechen willkommene und sichere Zufluchtsstätten. Wo auf den Ruf der Werbetrommel nicht genug Leute zu den Fahnen traten, verschaffte List und Täuschung das, was noch an Mannschaften fehlte.

So gewann die bei uns bis in die sechsziger Jahre vererbte Meinung die Oberhand, dass der Waffendienst für die unfreiwillig dazu Berufenen ein Unglück sei, eine Last, der man sich auf jede Art und Weise zu entziehen suchen müsse.

Erst die grossen Nationalkriege unter Friedrich dem Grossen, Joseph II., unter der ersten französischen Republik und unter Napoleon brachten eine vollständige Aenderung zu Wege. Die französische Revolution stürzte das System der Werbung und verwirklichte, jedoch nicht in voller Reinheit, die Idee der Nationalbewaffnung durch Einführung der *Conscription* im Jahre 1798.

Dieses neue Conscriptions-System unterschied sich insofern von dem des Alterthums, als es nicht wie dieses nur auf der Grundlage der Nationalbewaffnung und der Nationalstreiterschaft beruhte, sondern zugleich auf einer gewissen Leibherrlichkeit des Staatsoberhauptes als ersten Kriegsherrn über die männliche, in einem gewissen, jedoch nicht im Mündigkeits-Alter stehende Bevölkerung. In den Anfängen des Conscriptions-Systems, wie z. B. unter Joseph II. von Oesterreich, erstreckte sich jene Leibherrlichkeit nicht auf alle Klassen der Bevölkerung, sondern nur auf die niedrigeren. Je weiter sich aber das System ausbildete, desto mehr fielen die persönlichen Befreiungen. Aus den Gestellten wurden vorerst die Untüchtigen und Untermässigen ausgeschieden, sodann die sogenannten Unentbehrlichen, und dann wurde, weil nicht die ganze Masse der Tüchtigen gebraucht wurde, durch Loosziehen entschieden, wer den Fahnen zu folgen hatte und wer zu seinem Berufe zurückkehren konnte.

Insofern aber mit der Conscription fast überall die Füglichkeit der Stellvertretung oder des Nummertausches unter den Tüchtigen verbunden war, gestattete dieses System den vom Loose Getroffenen sich durch ein Geldopfer von der persönlichen Leistung der Waffenpflicht zu befreien. Es wurde somit eine Ausnahmestellung für die Vermögenden geschaffen, welche ihre grossen Schwächen hatte. Die durch Geld zu ermöglichende Stellvertretung spiegelte sich drastisch in den geflügelten Worten Odier's über den Stellvertreter ab, welchen er bezeichnete als einen „allant se faire tuer pour vivre", oder wie er von einem Anderen gekennzeichnet wird: „il doit mourir pour avoir de quoi vivre". —

Kehren wir nach diesem Abstecher zu den kriegerischen Ereignissen zurück.

Als im Jahre 1812 der Krieg zwischen Frankreich und Russland ausbrach, vereinigte sich abermals Mitte Februar ein beträchtliches sächsisches Kontingent mit der französischen Grossen Armee. Die vertragsmässige Stärke betrug nach v. Cerrini[1]) 21383 Mann; doch wurden nachträglich noch ein Reiter-Regiment (600 Mann) und zwei Infanterie-Regimenter (2380 Mann) zur Verfügung gestellt, so dass man für den numerischen Antheil der Sachsen an dem russischen Feldzuge wohl, wenn man den Mitte December 1812 in Russland eingetroffenen Ersatz-Nachschub von 900 Mann einrechnet, die Ziffer 25300 annehmen darf.

Die beispiellosen und übermenschlichen Leiden, welche diese Truppen in Russland ertragen haben, sind genügend aus zahlreichen Schilderungen bekannt, weshalb ich mich hier auf die Hervorhebung der sanitären Zustände engeren Sinnes beschränken darf.

Die Hauptursachen dieses physischen Unglücks lagen in den Witterungsunbilden und in der ungeregelten, mangelhaften und oft ganz fehlenden Verpflegung — Umstände, welche auf die geschlagenen und im Rückzuge befindlichen Truppen mit potenzirter Gewalt einwirken mussten.

Was die Witterungsverhältnisse anlangt, so darf man sagen, dass in sanitärer Beziehung die grimmige Kälte die Lage beherrschte.

Aus den beiläufigen Bemerkungen des Herrn v. Cerrini habe ich folgende Beobachtungen über die herrschende Kälte zusammengestellt:

---

1) Feldzüge der Sachsen in den Jahren 1812 u. 1813. Dresden 1821. 8°. 510 S.

Grade in der Zeit blutiger Kämpfe vom 13. November 1812 an beginnt auch die heftigste Kälte. „Die seit dem 13. November eingetretene heftige Kälte, welche", wie v. Cerrini berichtet (S. 93), „mit jedem Tage zunahm, fiel den erschöpften Truppen ungemein lästig und war bereits so streng, dass das herabströmende Blut an den Verwundeten zu Eiszapfen gefror. Unter solchen Umständen, bei dem Mangel an Holz und Lagerstroh, fast ohne alle Lebensmittel, ja sogar auf Schneewasser beschränkt, ward die Nacht vom 15. zum 16. November für diese Krieger eine Prüfung muthvoller Ausdauer". Für den 14. November schätzt v. Cerrini die Kälte auf -15^0. In der Zeit vom 18. bis 27. November war sie im Abnehmen, stieg aber von der Nacht des 28. November wieder, in welcher allein von dem auf kaum 300 Mann zusammengeschrumpften Regimente „von Rechten" 5 Mann erfroren, und erreichte in den ersten Tagen des Decembers eine Höhe von -18^0. Den Höhepunkt scheint die Kälte am 6. December 1812 erreicht zu haben. Für diesen Tag schätzt sie v. Cerrini auf -28^0 R.; v. Odeleben[1]) gibt sie sogar mit -30^0 R. an und fügt (S. 69) hinzu: „Dieser 15 Meilen lange Marsch (vom 30. November bis 6. bez. 7. December) zog den Sachsen, bei dem Mangel an guter Fussbekleidung und manchen anderen Erfordernissen, einen Verlust von 800 Mann zu, die wegen erfrorener Glieder zum Dienste unbrauchbar wurden."

In der Nacht vom 7. zum 8. December sank die Temperatur auf -20^0 R., und bezüglich des Jahres 1813 wird für den Anfang Februar die Kälte auf -15 bis 20^0 angegeben, worauf, am 5. Februar, Thauwetter eingetreten ist.

Wäre selbst die Kälte nicht so beträchtlich gewesen, so musste sie schon bei glimpflicherem Verhalten wegen der äusserst ungenügenden Verpflegung drückend einwirken. Wie erwähnt brachten die Leute, fast ununterbrochen unter den Waffen stehend, nachts gewöhnlich im Freien meist ohne Lagerstroh und in dürftiger Bekleidung zu. Die letztere hatte bei den nach dem Uebergange über die Beresina aufgelösten Schaaren den Charakter der Uniform völlig verloren.

v. Cerrini schreibt hierüber (S. 418): „Sonderbar war das Aussehen der noch im Marsche Begriffenen. In allerhand Pelze gehüllt, manche zum Theil in Moskauer Damenmänteln, die schuhelosen Füsse in Felle oder Baumbast gewickelt, die Köpfe verbunden, die

---

1) Sachsen und seine Krieger in den Jahren 1812 und 1813. Leipzig 1829. 8°. 210 S.

Gesichter von Elend, Hunger und Frostschaden entstellt und vom Rauche der Wachtfeuer geschwärzt, waren die wenigsten erkennbar. Sehr viele wanderten grossentheils selbst ohne Seitengewehre als vollendete Bettlergestalten an langen Stäben einher". „Der Anblick solcher Jammergestalten war herzzerreissend".

Auch die Mundverpflegung musste, da die Einwohner alle Vorräthe theils versteckten, theils vertheidigten, und die verbündeten Franzosen sich in allen Beziehungen den Vorrang zusprachen, sehr kläglich ausfallen. Fleisch von Hunden und gefallenen Pferden bildete Leckerbissen. Nach der Zeit des Ueberganges über die Beresina entfernten sich die unbewaffneten Massen „im Dunkel, stundenweit von der Strasse, um mit der grössten Lebensgefahr einige Nahrungsmittel zu suchen." „Der Hunger wüthete jetzt immer furchtbarer und zwang nicht selten diese Unglücklichen, das Niedrigste und Widrigste zu verschlingen. So ward z. B. das Blut erstochener Pferde als Erwärmungsmittel aus der hohlen Hand getrunken. Mit der steigenden Kälte erreichte auch das Elend seinen Gipfel; Leichen und Verendende lagen im buntesten Gemische zu beiden Seiten der Strasse; ein Feuer, mühevoll entzündet, schläferte die Erschöpften wohlthuend und für immer ein. Lebensmüde wählten sie die Leichname der Brüder zum Sterbekissen und andere umlagerten, gleichmüthig, die Todesstille. Verwundete krochen, jammernd, stundenlang, mit Hilfe ihrer Hände, neben den Colonnen hin, um zuletzt von den Pferden oder den Rädern der Geschütze zermalmt zu werden".

Unter solchen Umständen war es kein Wunder, dass die Truppen bald durch Krankheiten und überdies durch Gefechte und Gefangennahme sich täglich verminderten, sich in ihren Verbänden lockerten und auflösten und nur in winzigen Häufchen ihr Vaterland wiedersahen. Das sächsische Korps sollte — nachdem eine Reiter-Brigade und das Reiter-Regiment „Prinz Albrecht" von Haus aus abgezweigt worden war — 18339 Mann stark sein und besass schon nach Bestands-Bericht vom 28. October nur noch 12283 Mann. Im Abgange befanden sich allein 2621 Kranke einschliesslich 699 Verwundete (S. 80 v. Cerrini). In welchen Sprüngen sich diese Verminderung weiterhin vollzog, beweist die Zeit vom 13. bis 18. November, in welcher sich der Verlust der Sachsen auf 600 Mann einschliesslich 31 Offiziere belief; von letzteren blieben 5 auf dem Platze, 5 starben an ihren Wunden, 18 wurden verwundet und 3 gefangen (S. 94). Wenn man erwägt, dass die sächsischen Truppen am 27. März 1813 — einer neuen Formirung durchaus bedürfend — 1836 Köpfe stark in die Festung Torgau einrückten, so darf man behaupten, dass noch nicht der 10. Theil des Korps nach Sachsen zurückgekehrt ist. Ja von den abgezweigten, sowie von den nachträglich nachgesendeten Abtheilungen begrüssten nur einige wenige — wie durch ein Wunder gerettet — ihre Heimath wieder.

Was die sächsischen Sanitäts-Einrichtungen im russischen Feldzuge anlangt, so waren unglücklicherweise in dem Reformjahre 1810 die Kompagnie-Chirurgen auf die Hälfte verringert worden, und war deshalb das ärztliche Personal auch nach Meinung der Offiziere (vgl. später den Ausspruch v. Holtzendorff's) numerisch unzureichend — 1 Kompagnie-Chirurg für je 2 Kompagnien. Lazarethgehilfen gab es überhaupt nicht, da deren Verrichtungen zugleich den Kompagnie-Chirurgen oblagen; ebenso fehlten auf den Schlachtfeldern die Krankenträger gänzlich, weshalb v. Cerrini (S. 129) rühmend hervorhebt: „Die Grenadiere brachten sogar den grössten Theil ihrer Verwundeten mit zurück und liessen nur die schwer Verletzten auf dem Platze". Und wie hier im Kampfe, so fehlte es auch auf der Landstrasse an Mitteln, die Verwundeten und Kranken fortzuschaffen. „Die anhaltenden Märsche", berichtet v. Cerrini (S. 459) „der immer wachsende Mangel, empfindliche Nachtfröste und die Biwachen auf blosser Erde, wirkten selbst auf die festesten Naturen zerstörend, und so lange sich ein solcher Erschöpfter nur noch fortschleppen konnte, folgte er aus Abscheu vor dem Spitale, seinem Regimente. *Bei dem Mangel an Transportmitteln* sah man sich genöthigt, diese sowohl als die Verwundeten liegen zu lassen, und an jedem Morgen fanden sich über Nacht Verstorbene und Sterbende, die bei diesen zurückbleiben mussten."

Nur von dem sächsischen Hospitale in Bialystok berichtet von Odeleben (S. 72 l. c.), dass es in der zweiten Hälfte des Decembers mit 900 Kranken und allen Vorräthen in grösster Ordnung nach Warschau gebracht worden sei.

Auch bei den anderen verbündeten deutschen Truppen war das Verhältniss kein günstigeres. So lässt Karl von Suckow[1]) in die Schilderung des Gefechtes bei Smolensk die Bemerkung einfliessen: „Nicht einmal das elendeste Verbandzeug wussten sich die Aerzte mehr zu verschaffen, und es ist notorisch, dass dieselben sich glücklich schätzten, etwas Baumwolle, Wolle, ja selbst Werg als Surrogat für Charpie auffinden zu können. Von Labung dieser Unglücklichen war schon gar keine Rede, noch mehrere Tage nach dem Gefechte sollen Verwundete, nach einem Tropfen Wasser jammernd, auf dem Schlachtfelde herumgekrochen sein."

---

1) Aus meinem Soldatenleben. Stuttgart 1862. S. 184.

Auch die französischen Vorkehrungen waren nicht geeignet, den Sachsen das Fehlende zu ersetzen. Ueber die Feld-Heilanstalten der Franzosen lässt sich v. Cerrini (S. 454) wie folgt aus: „Smolensk, jetzt eine grosse Brandstelle, brachte den erschöpften Soldaten, statt der Erholung, nur Verderben. Ganze Haufen unbegrabener Schlachtopfer des hartnäckigen Kampfes am 16. und 17. August verpesteten die Luft, und diese erzeugte im Verein mit den Nachwehen des früheren Ungemachs, der unregelmässigen Verpflegung und der kalten Nächte, das Nervenfieber und füllte die Spitäler. Die Erkrankten fanden es jedoch gerathener, selbst ohne Pflege, bei ihren Bataillonen zu bleiben, als in *französische Hospitäler* zu gehen, die bei der Gewissenlosigkeit, mit welcher die meisten *verwaltet* wurden, für offene Gräber galten. Die Kranken, sagt ein Augenzeuge, ruhten grösstentheils, ohne Stroh und ohne Decken, nur in ihre armseligen Mäntel gehüllt, auf dem Boden. Tage vergingen, ohne dass ein Arzt nach ihnen fragte; und dann gab es oft nur Vertröstungen statt der Arznei und anderer Erquickungsmittel; Tage lang lagen Verstorbene noch an der Seite ihrer früheren Waffengefährten, die jene um die wohlthätige Befreiung von dem grenzenlosen Elende beneideten. Ich selbst fand in einem Hause, welches kranken Soldaten des Regiments angewiesen ward, die Todten noch auf der Treppe und in den Vorstuben hingestreckt."

Nicht günstiger lässt sich v. Odeleben (S. 121 l. c.) aus, wenn er sagt: „Die französischen Spitäler glichen wahren Spelunken, welche weit entfernt dem armen Kranken und Verwundeten ein Asyl zu gewähren, nur seinen Abscheu erregten. Gefühllose grausame Härte und schlechte Verpflegung in ärztlicher und ökonomischer Hinsicht waltete überall, während Aerzte und Beamte die für die Kranken in reichlichem Maasse erpressten Naturalien und andere Bedürfnisse verkauften oder auf andere, französische Weise vergeudeten."

Mit den wenigen technischen Hilfsmitteln, welche den sächsischen Feldärzten zu Gebote standen, haben die letzteren das Denkbare geleistet — was von den Offizieren des Feldzugs von 1812 dankbar anerkannt wird. v. Cerrini schliesst sich an mehreren Stellen seines mehrgenannten Buches dieser Anerkennung mit Freuden, ja mit Begeisterung an, wie folgende Aeusserungen beweisen. In die Schilderung der Schlacht von Mozaisk den 7. September 1812 flicht v. Cerrini (S. 436) die Worte ein: „Unzählige Opfer des heutigen blutigen Tages hatten sich in den nahen Engpass geschleppt, um wenigstens Schutz gegen das feindliche Feuer zu finden. Verdient auch die rastlose Sorgfalt des sächsischen Regiments-Chirurgus

Schrickel den lauten Dank seiner Landsleute, so haben doch, aus Mangel an fernerer Pflege, nur wenige der Verwundeten ihr Vaterland wieder gesehen."

Ferner äussert er gelegentlich der Beschreibung des Gefechts bei Smoliany vom 14. November: „Das Bataillon von Rechten zählte 5 verwundete Offiziere, von denen 4 an ihren Wunden starben, und gegen 90 todte und verwundete Leute. Der Regiments-Chirurg Matheis und der Bataillons-Chirurg Gasch waren, keine Gefahr achtend, bis in die Nacht bemüht, den Verwundeten beizustehen; doch aus Mangel an Transportmitteln musste man Offiziere und Gemeine ihrem Schicksal überlassen."

Endlich ergeht sich v. Cerrini in einer summarischen Beurtheilung des gesammten sächsischen Aerzte-Personals, wenn er (S. 120) dort, wo er von der Uebergabe Warschaus an die Russen den 8. Februar 1813 berichtet, die Bemerkung fallen lässt: „Unter den vielen Kranken, welche den Russen in Warschau überlassen werden mussten, befanden sich auch 1500 Sachsen, und Gottlob! bisher in den besten Händen. *Die sächsischen ärztlichen Behörden des 7. Korps übertrafen bekanntlich grösstentheils — dem ruhmwürdigen Beispiele ihres hochverdienten Vorstehers nacheifernd — selbst zwischen Noth und Tod die schwierige Pflicht und retteten Hunderten, deren Segen sie begleiten möge, das Leben.* Der Uebereinkunft des Fürsten Schwarzenberg und Generals Miloradewicz gemäss sollten jene Kranken nicht als Kriegsgefangene angesehen werden; der Kaiser Alexander hob jedoch später die Uebereinkunft auf."

Es spricht aus diesen wenigen, aber gehaltreichen Worten von Cerrini's ein glänzendes Zeugniss für die damaligen sächsischen Militärärzte, welches nicht minder wie die letzteren auch seinen Aussteller ehrt. Es kann nicht Wunder nehmen, dass bei solcher Anerkennung der ärztlichen Leistung sich die Berufs- und Opferfreudigkeit jener Aerzte zur höchsten Begeisterung für ihre Kameraden der Waffe steigern musste. *Denn der ärztliche Beruf rechnet nun einmal, seitdem er aus den Schlacken des Handwerks zu einer Humanitätsanstalt herauskrystallisirt ist, mehr auf ehrenvolle Anerkennung und Stellung seiner Träger, als auf deren materielle Abfertigung!* — ein Anspruch, dem erst die neueste Zeit beipflichtet.

Die aus Russland zurückgekehrten Trümmer des sächsischen Heeres hatten sich, wie erwähnt, am 27. März 1813 nach Torgau begeben, und wurden mit ihrer Neuformation auf 11700 Mann gebracht. Nach der Schlacht bei Lützen am 2. Mai 1813 waren von diesen nur 8000 Mann streitbar, da der Rest noch im Spitale lag.

Von diesem grossentheils aus neuer Mannschaft gebildeten Kontingente blieben 2000 Mann als Besatzung in Torgau, und 6000 Mann vereinigten sich am 11. Mai 1813 mit dem französischen Heere und nahmen Theil an der Schlacht bei Bautzen [1]) den 20. und 21. Mai und an den späteren Gefechten, wodurch sie auf 4000 Mann herabschmolzen.

Während des hierauf folgenden am 4. Juni auf 6 Wochen abgeschlossenen Waffenstillstandes [2]) wurde das sächsische Heer trotz der Entkräftung des Landes auf 15000 Mann (ausschl. der Kranken) vermehrt und brach Mitte August 1813 aus dem Lager von Görlitz zu neuen Kämpfen auf. Nach Aufkündigung des Waffenstillstandes wurden am 18. August alle Schwerkranken nach Torgau zurückgeschickt. Schon 5 Tage später wurde die Schlacht bei Grossbeeren geschlagen, in welcher das sächsische Korps insgesammt (an Todten, Verwundeten, Gefangenen, Vermissten) 28 Offiziere und 2096 Mannschaften verlor (vergl. v. Cerrini S. 232). Es folgten hierauf die Schlachten bei Dresden [3]) am 26. und 27. August und bei Dennewitz vom 6. September. Die Verluste des sächsischen Korps betrugen vom 30. August bis mit 7. September 1813 (nach v. Cerrini S. 271) 28 Offiziere und 3313 Mannschaften, von welchen 16 Offiziere und 1082 Mann todt und verwundet waren, und am 10. September belief sich der Bestand unter den Waffen noch auf 229 Offiziere und 8144 Mannschaften. Dass dieses kostbare Heer in einem knappen Monate fast bis auf die Hälfte zusammengeschrumpft war, mag nicht einer der geringsten Beweggründe dafür gewesen sein, dass sich das sächsische Korps in der nun folgenden Schlacht bei Leipzig den 16. bis 19. October 1813 von den Franzosen trennte, um im Vereine mit den verbündeten Heeren zu fechten. —

Es sei mir nun vergönnt, ein Bild von dem sanitären Charakter dieser Kampfeszeit des Jahres 1813 zu entwerfen — ein Bild freilich, von dem man kaum sagen kann, ob sein Inhalt mehr von dem Zustande der Verwundeten oder von den Opfern der Kriegseuchen

---

1) Von den Schlachten bei Bautzen am 20. u. 21. Mai entwirft F. v. Meerheimb (Berlin 1873) ein höchst anschauliches Gesammtbild, auf welchem sich die farbenreichen Bilder einzelner Momente reliefartig abheben. — H. Fr.

2) In dieser Zeit des Waffenstillstandes war es, wo Lützow mit seiner „verwegenen Schaar" am 17. Juni in Kitzen, 15 km südwestlich von Leipzig, im Bivouak von den Franzosen überfallen, und wobei der bekannte Dichter Körner an der Stirn verwundet wurde. — H. Fr.

3) Mit einer „Schilderung der Kriegsereignisse in und um Dresden vom 7. März bis 23. August 1813" hat uns Heinrich Aster (2. Ausg. Leipzig 1856) beschenkt. — H. Fr.

bestimmt wird. Denn die letzteren übernahmen in dem Trauerspiel der damaligen Zeit vielleicht die Hauptrolle. Die furchtbare Kriegs-Typhus-Epidemie, welche mit den Trümmern der grossen Armee von Russland her Ende 1812 und zu Anfang 1813 das ganze Land zwischen dem Niemen und der Weichsel und zwischen dieser und der Warthe in ein einziges grosses Lazareth verwandelte, wurde auch nach Sachsen verbreitet, überall eine entsetzliche Sterblichkeit nicht nur unter den sich mühsam fortschleppenden Soldaten, sondern auch in der Civilbevölkerung der berührten Städte, besonders unter den Aerzten und Beamten der Lazarethe veranlassend.

Infolge des Rückzuges der Verbündeten nach der Schlacht bei Gross-Görschen oder Lützen (2. Mai), der über Colditz ging, wurde am 7. Mai auf Befehl Napoleons daselbst in der Ramsthal'schen Fabrik ein Hospital für 300 Kranke errichtet, das mit kurzen Unterbrechungen bis zum September fortbestand, um auch die in der Schlacht bei Dresden verwundeten Franzosen, welche in Ermangelung anderer Transportmittel auf Schubkarren herangefahren wurden, aufzunehmen. Nach derselben Schlacht gelangten in der Nacht vom 6. zum 7. Mai 4000 Verwundete auf Bretterwagen und ohne Strohunterlage in dichten Reihen liegend nach der Stadt Bischofswerda, wohin bereits im Februar 1813 der Typhus eingeschleppt worden war. Die meisten waren noch gar nicht verbunden und baten nur um kaltes Wasser für ihre brennenden Wunden.

In Weissenfels hatten sich nach der Lützener Schlacht und den vorhergehenden Gefechten so viele französische Verwundete angehäuft, dass viele derselben 3 bis 4 Tage auf dem Markte liegen bleiben mussten. Zuletzt brach unter ihnen ein bösartiger Typhus aus, welcher sich auch unter den Bürgern verbreitete und von denselben in einem Jahre 600 Menschen wegraffte. Im Hospitale aber sollen daran gegen 3000 Soldaten und gegen 60 Aerzte, Wundärzte und Wärter gestorben sein.

Auch in Naumburg war die grosse Menge der Verwundeten nach der Schlacht bei Lützen nicht unterzubringen. Sie lagen daher in grosser Menge in einer ursprünglich zur Unterbringung der Kosaken auf dem Markte erbauten 70 Ellen langen *Baracke* und um den Markt herum vor den Häusern, wo auch häufig Amputationen vorgenommen wurden. Von der Schlacht an wurden in Naumburg gegen 30000 Verwundete verpflegt.

Auch nach Leipzig schlug die Schlacht bei Lützen ihre Wellen. Der Weheruf, welcher von 20000 Verwundeten erscholl, wurde in Leipzig gehört, und die ersten Aerzte der Stadt eilten mit ansehnlichen Vorräthen von Lebensmitteln am 5. Mai, nachdem die Franzosen den 4. Mai Leipzig wieder in Besitz genommen, auf das Feld des noch immer würgenden Todes. In Leipzig selbst, wo freilich seit Januar 1813 der Typhus aufgetreten war, wurde in den weiten Räumen des Petersschiessgrabens das Hauptlazareth, eine Musteranstalt, errichtet; am 11. Juni aber gab es bereits 14 öffentliche und Privatgebäude, die zu Militärlazarethen hergerichtet worden waren, und an demselben Tage kamen 3 Schankhäuser und das Magazinhaus hinzu. Dasige schon seit 24. Januar 1813 einen Hilfsverein bildende freiwillige Aerzte untersuchten die zerstreut ankommenden Soldaten und verwiesen die verdächtigen in die Lazarethe, als deren Director der Stadtphysikus Dr. Clarus bestellt war.

Nach Dresden lieferte die Schlacht bei Lützen in langen Zügen 3 Tage lang gegen 7000 preussische Verwundete, welche in den Artillerie-Schuppen an der Elbe untergebracht wurden. Den 6. Mai wurden die Schwerverwundeten in die Neustadt, die Leichtverwundeten aber nach Bautzen transportirt. Wie man sich mit diesem Abtransporte getäuscht hatte, bewies der 17. Mai, wo 200 Wagen voll Verwundete aus der Gegend von Bautzen nach Dresden kamen. Obschon sich hier (nach Aster) 14 Lazarethe befanden, reichten diese nicht aus, und es musste noch das im Grossen Garten befindliche Palais nebst den 4 kleinen Pavillons hinzugenommen werden. Da sich auch diese füllten, so wurden noch vier 120 Ellen lange hölzerne *Baracken* zu gleichem Zwecke hinter dem bezeichneten Gartenpalais erbaut. Ebenso wurde das Reisewitz'sche Gartenpalais bei Plauen zum Hospitale eingerichtet. Alle Tage wiederholten sich die Zufuhren von französischen Verwundeten, besonders während und nach der Schlacht bei Bautzen den 20. und 21. Mai. Vom 23. bis 25. Mai allein kamen 17000 Verwundete an; und die Zahl der Lazarethe stieg zu dieser Zeit auf 19 und den 1. Juni auf 23.

Das Spannfuhrwerk war längst für andere Heeresbedürfnisse verwendet, und so gab es kein anderes Mittel für die Krankenbeförderung, als tausende von Bauern zusammenzutreiben, deren je zwei immer einen Verwundeten auf einem Schubkarren fortführen; so entstanden Züge von 100 bis 150 Karren, welche von Militärbedeckung und sächsischen Gensdarmen nach Dresden begleitet wurden — ein Nothbehelf, welchen der französische Generalstabsarzt Larrey ersonnen haben mag. Hierdurch kam es, dass die Zahl der Kranken und Verwundeten in Dresden den 1. Juni auf 30000 stieg, und dass die Leichtverwundeten in Bürgerhäuser gelegt werden mussten, wo sie von den Bewohnern menschenfreundlich gepflegt und unterstützt wurden. Aber auch in den Strassen lagen lange Reihen kranker und sterbender Soldaten, welche lieber in dem Winkel eines Hauses oder auf den Gassen sterben wollten, als im Lazareth, wo sie die Lieblosigkeit der französischen Wundärzte [1]) fürchteten. Die Unreinheit der Strassen nahm täglich mehr überhand, während die Einwohner unter der Last der Einquartierung fast erlagen, welche letztere ausser dem drückendsten Mangel an Lebensmitteln auch den bösartigsten Typhus im Gefolge hatte, der sich nun auch unter den Einwohnern allmählich auszubreiten begann. Endlich wurde Mitte Juni eine grosse Anzahl von Kranken theils auf Schiffen die Elbe hinab, theils auf Wagen nach der fränkischen Grenze geschafft, und bezogen nun die in der Neustadt einquartierten Verwundeten ein Lager vor der Altstadt. Auch im folgenden Monate gingen mehrere Schiffe ab, besonders kam am 18. Juli ein Transport von 3000 Kranken und Verwundeten und 1000 Genesenden in Torgau an.

Freilich war Torgau selbst auch ein schwer heimgesuchter Ort. Auch hierher hatten die Trümmer des französischen Heeres den Typhus gebracht, welcher Mitte Januar 1813 beginnend bis zum Mai heftig andauerte [2]). Das aus etwa 10000 Mann bestehende sächsische Korps unter dem Generallieutenant v. Thielemann, welches zu jener Zeit die Besatzung des Platzes ausmachte, zählte in den Monaten

---

1) Aster begründet (l. c. S. 111 Anmerk.) diese Furcht, indem er sagt: „Wollte man hier eine getreue Schilderung der französischen Hospitalverwaltung von 1813 liefern, so würde die französische Nation über die unverantwortliche und tyrannische Behandlung ihrer Angehörigen durch die französischen Aerzte und Krankenwärter staunen und ihren Abscheu gegen die damaligen Hospitalbeamten nicht unterdrücken können. Hierüber herrscht überall, wo man Gelegenheit hatte die französische Hospitalverwaltung näher zu beobachten, nur *eine* Stimme. Ist dieser so wichtige militärische Gegenstand seit jener Zeit in Frankreich nicht besser geworden, so sind die braven Soldaten dieser Nation, die fürs Vaterland bluten und in die Hände solcher Aerzte und Aufwärter fallen, gewiss sehr zu bedauern."

Die Erfahrungen lehren, wie schädlich es ist, wenn für das Krankenwohl der Arzt nicht *allein* verantwortlich ist. Die französischen Lazarethärzte waren nur Hilfsbeamte der allmächtigen, auch die Lazarethe souverän leitenden Intendance, und durften sich bei schwerer Strafe in nichts, was Krankenverpflegung betraf, mischen. Sie handelten deshalb *reglementarisch* richtig, wenn sie den Hunger ihrer Pfleglinge an die Intendance verwiesen. Fiel das Verdammungsurtheil der Menge gleichwohl auf den Arzt und nicht auf die Intendance, so beweist dies nur, dass der Sinn des Volkes gesunder war als das französische Reglement. — H. Fr.

2) Vgl. Medicinische Geschichte der Belagerung und Einnahme der Festung Torgau etc. Dr. G. A. Richter, Oberstabsarzt. Berlin 1814. 8°. 263 S.

Remarques et observations sur le typhus contagieux qui a régné épidémi-

April, Mai und Juni 2180 bez. 2809 bez. 1409 Kranke mit 154 bez. 204 bez. 76, zusammen 434 Todten. Nach der Schlacht bei Gross-Görschen (2. Mai 1813) rückten Franzosen am 10 Mai ein und errichteten im Schlosse Hartenfels ein Lazareth von 500 Kranken.

Auch in Zittau hatten für die Reste des aus Russland zurückkehrenden sächsischen Heeres, welche auf mehr als 100 Wagen vom 21. bis 23. Februar 1813 durch Zittau kamen, Lazarethe errichtet werden müssen, für welche ein besonderes in der Stadt errichtetes Verpflegungs-Bureau sorgte. Obgleich die Mehrzahl der kranken Soldaten bald wegen des Herannahens der Russen weiter nach Dresden gebracht wurden, erfolgten doch zahlreiche Ansteckungen und Todesfälle am Nervenfieber unter den Einwohnern, weshalb man ausserhalb der Stadt, auf der Schiesswiese, ein langes hölzernes Lazarethgebäude (*Baracke*) baute, welches aus 8 Abtheilungen nebst Küche, Badeanstalt etc. bestand. Auch nach Zittau gelangten in Folge der Schlacht bei Lützen viele verwundete Preussen, später auch Russen, sodass zahlreiche Räume angefüllt wurden.

Die folgenden Schlachten füllten das Maass der Leiden. Was Dresden betrifft, so mehrten sich, nach den für die Franzosen unglücklichen Schlachten an der Katzbach und bei Kulm, sowie nach der Schlacht bei Dresden (26. und 27. August) selbst, die Verwundeten, welche auf Kosten der Stadt verpflegt werden mussten, täglich. Die in letzterer Schlacht gemachten Kriegsgefangenen, ungefähr 13000 Mann, meistens Oesterreicher, die in den folgenden Tagen noch durch viele Versprengte vermehrt wurden, wurden in 4 protestantischen Kirchen und auf dem Brühlschen Wallgraben eingesperrt. Viele suchten sich, weil die Anstalten zu ihrer Unterbringung nicht getroffen waren, am ersten Abende ein Nachtlager in den Hausfluren, wo theilnehmende Menschen sie pflegten und verbanden. In der auf den ersten Schlachttag folgenden regnerischen Nacht zum 27. August verblieben zahlreiche Schwerverwundete unverbunden auf dem Schlachtfelde liegen (vgl. Aster l. c. S. 263). „Sie schmachteten nach einem Trunke, der ihnen aber meist erst am 27. August Nachmittags durch einzelne Personen, welche das Schlachtfeld zufällig betraten, gereicht wurde. Da diese ihnen allein aber keine weitere Hilfe für den Augenblick verschaffen konnten, gleichwohl aber von den Bitten dieser Hilflosen erweicht wurden, so gossen sie das in

---

quement à Torgau en Saxe, depuis le mois de septembre 1813 jusqu'au mois de mars 1814. Thèse. Gilles de la Tourette. Paris 1815. 23 S. 4º.

Beobachtungen und Heilverfahren in der Nervenfieber-Epidemie zu Torgau während der Belagerung 1813. W. L. C. F. Lehmann. Leipzig 1815. 8º.

den umhersteckenden Schuhen befindliche Regenwasser zusammen und reichten ihnen theils in diesen, theils in aufgesuchten Tschakos den erflehten Labetrunk."

Von den französischen Behörden mit ihren scheusslichen Lazarethen wurde fast gar nicht für diese Unglücklichen gesorgt; und hat dies Napoleon selbst zum Theil zugestanden in dem Befehle, den er am 27. August Abends 8 Uhr, als er noch einen 3. Schlachttag bei Dresden erwartete, an den Major-General Berthier erliess. Es heisst daselbst u. a.: „Bezeigen Sie dem Director der Armee-Verwaltung mein Missvergnügen über den Dienst der fliegenden Spitäler. Man hat noch keine Wagen zur Abholung der Verwundeten geschickt. Alle Spitalbeamte hätten da sein sollen. Empfehlen Sie ihm die nöthigen Maassregeln, damit es morgen besser gehe."

Dass diese Anordnungen von reiner Menschlichkeit für die Kranken und Verwundeten dictirt worden seien, ist kaum anzunehmen; denn wir vermissen diese edle Eigenschaft bei anderen Gelegenheiten an Napoleon. Ich erinnere nur an seinen Befehl auf dem Sonnensteine. Am 12. September 1813 erschien er im Sonnenstein; ihm gefiel der Platz am Thore des Meissner Hochlandes; seine Sachen standen schief, er brauchte feste Stützpunkte für sein Heer nothwendiger denn je und beschloss den Sonnenstein in eine Festung umzuwandeln.

Das alles kann man an einem Feldherrn nur natürlich finden, aber nun kommt die Barbarei:

„Que l'on chasse ces fous! Man jage diese Narren fort!" Mit diesen Worten ritt er hinweg. Vertragsgemäss hätte der Sonnenstein durch einen sächsischen Regierungs-Commissar geräumt und übergeben werden müssen, aber das lehnte man einfach ab, und die Creaturen des Corsen jagten buchstäblich nach dem Befehle „die Narren" fort, und zwar in einer Zeit von drei Stunden, obwohl der Feind nicht im geringsten diese Truppenabtheilung bedrängte. Man nahm den Wärtern die Schlüssel ab, trieb' die Kranken — auch die bettlägerigen — auf den Höfen zusammen, drängte sie zu den Thoren hinaus und warf hinter ihnen die Thüre ins Schloss. (Vgl. Gartenlaube 1881 Nr. 20). Die Niederträchtigkeit ging soweit, dass man nicht einmal den weiblichen Kranken Wäsche und Kleider herausgab, die doch für die französischen Soldaten völlig werthlos waren. Mit Thränen in den Augen bat der Director um Rückgabe eines Theils des Brotvorrathes, den man eine Stunde vorher abgeladen hatte — umsonst. Ohne Brot, ohne Viehstand, ohne Betten zogen 275 Seelenkranke in nothdürftiger Kleidung unter Jammern und

Wehklagen hinab in die soldatenüberfüllte Stadt Pirna. Der Anblick soll nach den Berichten von Augenzeugen herzzerreissend gewesen sein. Mildherzige Bürger bereiteten den Unglücklichen Lagerstätten auf den Holzbänken der Pirnaer Stadtkirche. Die Tobsüchtigen und die Nervenfieberkranken musste man in die Sacristei sperren.

So wurde wie vorher in Dresden und anderwärts das von den herzlosen Franzosen heraufbeschworene Unglück durch die Menschlichkeit der Deutschen, der Einwohner gemindert. Hätten nicht die Bewohner auch der Stadt Dresden sich der Kranken angenommen, so würden noch mehr von denselben umgekommen sein. Reichliche Spenden von Lebensmitteln wurden vor die Kirchen gebracht, aber die Menge der Hungrigen war nicht zu befriedigen und das Gedränge oft so stürmisch, dass die Wachen die Vertheiler der milden Gaben kaum zu schützen vermochten. Mit tiefer Erschütterung sah man die Leichname einiger Gefangenen, die vor Erschöpfung umgekommen waren, eines Morgens vor einer Kirche liegen, und jedes Gefühl empörte sich, als die Schwerverwundeten, manche ganz nackt, aus den Kirchen in die 24 Spitäler der Stadt gebracht wurden. Erst am 31. August wurde ein Theil der gefangenen Oesterreicher, Russen und Preussen über Meissen abgeführt.

Noch sei in Kürze des Schicksals des russischen Generals Moreau gedacht, weil es zeigt, wie sehr auch hochgestellte Militärs unter den Mängeln des damaligen Sanitätsdienstes litten. Es war am 2. Schlachttage, am 27. August, als Moreau durch den Schuss einer französischen Batterie in beide Beine verwundet wurde. Oesterreichische Grenadiere, nach Andern Kosaken, trugen ihn (vgl. Aster l. c. S. 297) auf Gewehren bez. Piken, welche mit Mänteln bedeckt waren, nach Klein-Pestitz in das Haus des Bauern Pahlisch, in dessen Gehöfte eine Verbandstube von den Russen eingerichtet war. Hier legte man ihm einen Nothverband an, um ihn nach Nöthnitz zu transportieren. Um ihn bequemer zu tragen, wurde von einem Erntewagen eine Leiter genommen, zerschnitten, eine Matratze aus einem Hospitalwagen darauf gelegt und Moreau hierauf unter einem Bette des Bauers in das Herrenhaus zu Nöthnitz gebracht. Hier nahm ihm gegen Abend der erste Wundarzt des Kaisers Alexander, Dr. Wylie, das linke gänzlich zerschmetterte Bein eine Hand breit über dem Knie ab. Moreau rauchte seine Cigarre fort, ohne Zeichen des Schmerzes zu äussern. Hierauf untersuchte der Wundarzt das rechte Bein. Unwillkürlich fuhr dieser zurück, als er die Muskeln, Sehnen und Bänder in der rechten Kniekehle oberhalb und unterhalb zerrissen, jedoch den Knochen nicht beschädigt fand. Moreau sah ihn an und sagte: Ich verstehe Sie, also auch dieses? So machen Sie nur geschwind, doch wäre mir der Tod lieber gewesen! Es ward einige Zoll höher über dem Knie als jenes abgenommen. Die Umstehenden waren ausser sich vor Schmerz. Moreau allein blieb standhaft etc." Noch denselben Abend wurde Moreau, vom Regen ganz durchnässt, nach Possendorf getragen. Den 28. August früh 4 Uhr beförderte man ihn in einem während der Nacht aus einem Wagenkasten gefertigten Tragesessel nach Dippoldiswalde, was von 40 sich abwechselnden Kroaten ausgeführt wurde. Den 29. nachts 11 Uhr fand in Dux Verbandwechsel statt; den 30. kam er in Laun an und starb daselbst früh 7 Uhr — und zwar, darf man wohl hinzufügen: wenn nicht an seinen Wunden, so gewiss am Transporte! —

Die Schlacht bei Jüterbogk oder Dennewitz (6. September) kurz nach der Schlacht bei Grossbeeren (23. August) brachte neues Unglück. In Leipzig nahm der Typhus, besonders im Jakobshospitale, in welchem die in den Militärspitälern erkrankten Chirurgen, Wärter, Wäscherinnen und deren Angehörige die Mehrzahl der Aufgenommenen ausmachten, von Woche zu Woche wieder überhand, als nach den letztgenannten Schlachten viele tausend versprengte Franzosen halb verhungert und überhaupt im hilflosesten Zustande in Leipzig ankamen.

In Torgau wurden durch das Eintreffen eines grossen Theils der Verwundeten von der Schlacht bei Dennewitz nebst dem geschlagenen Heere selbst, alle Räume so mit Kranken und Verwundeten überfüllt, dass zuletzt die einzige noch übrige Stadtkirche in ein Lazareth verwandelt werden musste. Um für die Menge der in der Stadt unterzubringenden Kranken Raum zu schaffen, mussten mehrere Strassen mit 82 Häusern von den Bürgern geräumt werden; indessen fehlte es in denselben den dorthin gebrachten Kranken an dem Nöthigsten, selbst an Lagerstroh; von Behandlung und Wartung war kaum die Rede.

Leipzig war es, welches auch nach den obengenannten Schlachten zahlreichen Verwundeten eine Zuflucht bot. Am 4. September 1813 waren 700 Verwundete in die Pauliner-Kirche gebracht worden; am 24. September wurden die Thomaskirche und am 14. October noch 8 Privathäuser als Militärlazarethe in Beschlag genommen, und blieb von den Kirchen nur die Nikolaikirche dem Gottesdienste noch offen. Während die Sterblichkeit Leipzigs sonst in einer Woche 40—50 Mann betragen hatte, war sie vom 3. bis 10. September auf 86, vom 11. bis 17. September auf 193, vom 17. bis 24. auf 354, vom 24. September bis 1. October auf 502 und in den beiden nächsten

Wochen bis zum 16. October auf 640 bez. 718 gestiegen. Ruhr und Nervenfieber wetteiferten in den Lazarethen aufzuräumen, und die anhaltend nasse Witterung, die steten Biwaks, der Mangel an guter Nahrung jagten täglich hunderte ins Lazareth.

Es ist also erklärlich, dass bevor noch das gewaltige Trauerspiel der Völker, die Schlacht bei Leipzig (16. bis 19. October) sich abspielte, Leipzig mit Verwundeten und Kranken überfüllt war. Die ersten Lebensbedürfnisse fingen an zu mangeln; vor allem war die Verpflegung der durch die häufigen, ganz in der Nähe der Stadt erfolgenden Vorpostengefechte sich täglich mehrenden Verwundeten nur mit der grössten Anstrengung zu bewirken. Die sämmtlichen Dörfer, welche sonst die Stadt versorgten, waren bald von Franzosen, bald von Verbündeten besetzt, alle Mehl- und Brot-Vorräthe waren von den Truppen mit Beschlag belegt. In der Stadt gab es daher Tage, wo über 500 Familien ohne Brot waren, und ganze Wochen, in welchen die Aermeren, besonders auf dem Lande, von Kartoffeln und Wasser leben musten.

Unter diesen Umständen traten die Schrecken einer viertägigen Schlacht zwischen gewaltigen Heeresmassen ein. Die Stärke und die Verluste der letzteren werden von verschiedenen Gewährsmännern verschieden angegeben. Napoleon selbst beziffert (bei Las Casas VIII, S. 96) sein Heer bei Leipzig mit 157000 Mann und dasjenige der Verbündeten mit 350000, während letztere Napoleons Heer auf 170- bis 200000 Mann schätzten und das eigne mit 250—300000 Mann angaben. Die Verluste der Franzosen beliefen sich nach Napoleon auf 50000 Mann, die der Verbündeten auf 150000; die Verbündeten aber schätzten die Verluste Napoleons und zwar die Todten auf 60000 Mann und die Gefangnen, grösstentheils Verwundete und Kranke, auf 22000.[1]) Anders Meltzer[2]), welcher den Verlust der Franzosen an Todten und Verwundeten mit 28000, an Gefangnen mit 20000 (ausschliesslich von 10000 Maroden und Kranken in den ersten Tagen des Rückzugs) und denjenigen der Verbündeten an Todten, Verwundeten und Gefangenen mit 9000 Offizieren und 45000 Mannschaften bezeichnet. Mehr Wahrscheinlichkeit haben die bezüglichen Mittheilungen Aster's[3]), welche (im II. Theile S. 221)

---

[1]) Der Krieg in Deutschland im Jahre 1813. Ferd. Hill. Quedlinburg und Leipzig. S. a. S. 21.

[2]) Geschichtliche Darstellung meist unbekannter Kriegsscenen. Carl Meltzer. Dresden 1845.

[3]) Die Gefechte und Schlachten bei Leipzig im October 1813. Heinr. Aster. Dresden 1852 und 1853. 2 Theile.

theils aus dem Wiener Kriegsarchiv theils aus der Schrift des Generals von Hoffmann „die Schlacht bei Leipzig" geschöpft sind und wie folgt lauten:

Heer	todte	verwundete	todte	verwundete	
	Offiziere		Mannschaften		
Oesterreichisches ..	110	310	1844	12697	einschl. weniger Gefangener und Vermisster.
Russisches	800		20000		
Preussisches	620		13550		
Schwedisches	10		300		
Französisches	.	38000	.		und 30000 Gefangne einschl. der zahlreichen Lazarethkranken.

Schon am ersten Schlachttage (16. October) musste sich nach den vorausgegangenen Heimsuchungen Leipzigs das Los der Verwundeten überaus traurig gestalten. Aster berichtet hierüber (I. S. 561): Wie blutig der Tag gewesen war, zeigte die zu allen Thoren einströmende Masse von Verwundeten, die sich mitunter auf die herzzerreissendste Weise fortschleppten, theils hinkend, theils geführt oder getragen in die Stadt gebracht wurden. An einen Verband ihrer Wunden, welchen Viele, so gut sie gekonnt und soweit sie die Hilfsmittel dazu besessen, sich selbst angelegt hatten, oder an sonstige Fürsorge für diese Unglücklichen war nicht gedacht worden. Alle suchten daher ein Spital oder anderes Unterkommen. Da es aber bei der immer zunehmenden Menge von Blessirten bald zu ihrer Unterbringung an Raum mangelte, auch für keine Transportmittel der Schwerverwundeten gesorgt war, so fand man noch nach 5 Tagen unverbundene und fast verhungerte Soldaten auf dem Schlachtfelde. Um nun ausser den vielen schon eingerichteten Lazarethen die grosse Zahl der Kranken möglichst bald unter Dach zu bringen, wurde schleunigst noch ein Kornmagazin geräumt, wohin aber an den Thoren von Leipzig so viele gewiesen wurden, dass es sehr schnell gefüllt war, und die später Ankommenden keine Aufnahme mehr darin finden konnten. Gelangten daher die Ueberzähligen an dieses Magazin, so wurden sie von den französischen Chirurgen kurz abgewiesen, und diese Unglücklichen sahen sich daher genöthigt, entweder neben ihren schon dortliegenden Leidensgefährten auf nassem Pflaster, ohne Stroh, ohne Decke, ohne Verband, selbst ohne einen Tropfen Wasser, um den die Mehrzahl flehentlich bat, unter freiem Himmel zu campiren, oder, wenn es ihre Kräfte noch gestatteten, wimmernd oder ihrem Schicksal fluchend, eine anderweite Aufnahme zu suchen, wobei sie froh waren, wenn sie einen Bissen Brot oder einige rohe Kartoffeln erhielten, von denen sie selbst die Schalen, die sie auf einem Dünger- oder Kothhaufen entdeckten, gierig verschluckten. Viele starben in der Nacht vor Hunger, Schmerz und Kälte. Diese waren die Glücklichsten, da sie keiner menschlichen Hilfe mehr bedurften.

Mit jedem weiteren Schlachttage verschlimmerte sich das Schicksal der Verwundeten und zugleich dasjenige der Stadt Leipzig. Seitens der Franzosen wurde, so berichtet der Bibliothekar Ebert in seiner Darstellung der Völkerschlacht über den 17. October 1813, auf dem Rathhause gedroht, dass, wenn nicht schleunigst Locale für die Kranken ausgemittelt würden, ganze Strassen von ihren bürgerlichen Bewohnern geräumt und zu Militärhospitälern eingerichtet werden sollten. In Leipzig mehrten sich diesen Tag die Trauerscenen stündlich. Nicht genug, dass die Noth hinsichtlich der Lebensbedürfnisse immer höher stieg, sondern die Masse der Verwundeten vergrösserte sich mit jeder Viertelstunde. Alle bisherigen Lazarethe und dazu genommenen Räume, z. B. das bisherige Magazin, die neue Kirche, die Kornböden, der Wollboden und die Säle der Funkenburg und der „blauen Mütze" langten noch immer nicht zu. Während die Schwerverwundeten hilflos auf der Strasse lagen, drängten sich die Leichtblessirten in Menge in die Häuser, wo die aushängenden Zeichen die Wohnung eines Chirurgen verkündeten. Und selbst auf diese Art konnte ihrem Elende bei weitem nicht abgeholfen werden. Der Andrang war zu gross und überstieg die Zahl der Helfer unendlich. In die Buden, welche noch von der Messe her standen, schleppten sich viele dieser Unglücklichen und fanden hier, schmachtend und von den schrecklichsten Schmerzen gequält, den einzigen Retter, den Tod. Auch der weichherzigste Beobachter wurde durch die so oft wiederkehrenden Trauerscenen endlich abgehärtet. Wenige Schritte, und man stiess auf einen noch blutenden Leichnam, etwas weiter und man traf auf einen Unglücklichen, der aber unter der überwiegenden Qual seiner Schmerzen immer wieder zusammensank und kraftlos auf die harten Steine niederstürzte. Hier bat ein Leichtverwundeter flehentlich, oft mit Thränen im Auge, um ein Stückchen Brot, dort verzehrte ein anderer mit hastiger Gier die unbrauchbaren Abgänge und Ueberbleibsel von Speise, die er auf Kehrichthaufen fand, oder nagte mit seiner letzten Kraft an Knochen, die selbst das Vieh verschmähte.

Als das französische Heer endlich am Abend des 18. October 1813 aus Leipzig nach den Vorstädten abzog, hatten (vgl. Aster II. Theil. S. 231) wieder die Verwundeten das schwerste Los. „Sie lagen in den Gassen längs der Hausränder oder unter den Wetterdächern der Gewölbe und riefen unaufhörlich nach Wasser, um ihren Durst zu stillen. Wer ihnen dies nicht reichen konnte, gab ihnen Aepfel oder Birnen, womit sich viele der Vorübergehenden die Taschen gefüllt hatten. Der wilde Zug rauschte über sie hin, wobei viele mit ihren Wunden von jenen jämmerlich zertreten wurden, deren Herz nur noch an Rettung des eigenen Lebens dachte."

So erhöhte sich die Zahl der in den Mauern Leipzigs Hilfe suchenden Verwundeten und Kranken nahezu auf die Bevölkerungsziffer dieses Ortes, welche sich etwa auf 34000 Seelen belaufen haben mag. Mehr als 30 Spitäler waren nicht im Stande, die Kranken, welche überall herumkrochen und wankten, aufzunehmen. Der bestellte Lazareth-Ausschuss verlangte am 22. October 40 Assistenten und 800 Krankenwärter. Jeder Barbierlehrling musste gezwungen werden, seine ungeübten Hände zum Verbinden herzugeben, und Verbandmittel waren nicht aufzutreiben.

Dazu kam, dass das Schlachtfeld von Leipzig bei weitem nicht von Verwundeten geräumt war. Ueber dasselbe schreibt Pertz in seiner Lebensbeschreibung des Freiherrn von Stein:

„Selig die im Augenblicke edelster, höchster Pflichterfüllung den bittersüssen Tod fürs Vaterland starben, die im Vollgefühl sittlicher und Leibeskraft auf freierkämpfter Muttererde zur ewigen Ruhe sanken, aber beweinenswerth war das Los der vielen Tausenden, die noch lebensfähig aus schweren Wunden blutend auf der meilenweiten Wahlstatt umherlagen, mit Todten, Sterbenden, Freunden und Feinden vermengt nach Hilfe und Rettung jammernd und keine fanden. Tausende erlagen den Qualen der Wunden, dem Hunger und Durst bei Tage, dem Froste der kalten Octobernächte, ehe es gelang, sie in eilig geschaffene Spitäler zu bringen. Und weit entfernt, gerettet zu sein, waren sie hier für namenlose Leiden aufgespart."

Ein plastisches Bild dieses Jammers hat der preussische Professor Dr. Reil (1759—1813) entworfen, welches hier Aufnahme finden möge. Reil war mit der obersten Leitung der sämmtlichen preussischen Militärlazarethe links der Elbe beauftragt. Am 22. October kam er in Halle an, und fand dieses mit mehr als 7000 Kranken überladen, und noch strömten immer neue vom Schlachtfelde bei Leipzig zu. „Auf dem Wege dahin" (nach Leipzig), schreibt Reil in seinem an Freiherrn v. Stein gerichteten Schreiben vom 26. October 1813, welches erst 35 Jahre später eröffnet worden ist, „begegnete mir ein ununterbrochener Zug von Verwundeten, die wie die Kälber auf Schubkarren, ohne Strohpolster zusammengeschichtet lagen, und einzeln ihre zerschossenen Glieder, die nicht Raum genug auf diesem engen Fuhrwerke hatten, neben sich fortschleppten. Noch an diesem Tage, also 7 Tage nach der denkwürdigen Völkerschlacht, wurden Menschen vom Schlachtfelde eingebracht, deren unverwüstliches Leben nicht durch Verwundungen, noch durch Nachtfröste und Hunger zerstörbar gewesen war. In Leipzig fand ich ungefähr 20000 verwundete und kranke Krieger von allen Nationen. Die zügelloseste Phantasie ist nicht im Stande, sich ein Bild des Jammers in so grellen Farben auszumalen, als ich es hier in der Wirklichkeit vor mir fand. Das Panorama würde selbst der kräftigste Mensch nicht anzuschauen vermögen; daher gebe ich Ihnen nur einzelne Züge dieses schauderhaften Gemäldes, von welchem ich selbst Augenzeuge war, und die ich daher verbürgen kann. Man hat unsere Verwundeten an Orte niedergelegt, die ich der Kaufmännin nicht für ihr krankes Möppel anbieten möchte. Sie liegen entweder in dumpfen Spelunken, in welchen selbst das Amphibien-Leben nicht Sauerstoffgas genug finden würde, oder in scheibenleeren Stuben und wölbischen Kirchen, wo die Kälte der Atmosphäre in dem Maasse wächst, als ihre Verderbniss abnimmt, bis endlich einzelne Franzosen noch ganz in's Freie hinausgeschoben sind, wo der Himmel das Dach macht und Heulen und Zähneklappern herrscht. An dem einen Pol tödtet die Stickluft, an dem andern reibt der Frost die Kranken auf. Bei dem Mangel an öffentlichen Gebäuden hat man dennoch auch nicht ein einziges Bürgerhaus den gemeinen Soldaten zum Spitale eingeräumt. An jenen Orten liegen sie geschichtet wie die Heringe in der Tonne, alle noch in den blutigen Gewändern, in welchen sie aus der heissen Schlacht herbeigetragen sind. Unter 20000 Kranken und Verwundeten hat auch nicht ein Einziger ein Hemd, Betttuch, Decke, Strohsack oder Bettstelle erhalten. Nicht Allen, aber doch Einzelnen hätte man geben können. Keiner Nation ist ein Vorzug eingeräumt, alle sind gleich elend berathen, und dies ist das Einzige, worüber die Soldaten sich nicht zu beklagen haben. Sie haben nicht einmal Lagerstroh, sondern die Stuben sind mit Häckerling aus den Biwaks ausgestreut, der nur für den Schein gelten kann. Alle Kranken mit zerbrochenen Armen und Beinen, denen man auf der nackten Erde keine Lage hat geben können, sind für die verbündete Armee verloren. Ein Theil derselben ist schon todt, der andere wird noch sterben. Ihre Glieder sind wie nach Vergiftungen furchtbar angelaufen, brandig [1]) und liegen in allen Richtungen neben den Rümpfen. Daher der Kinnbackenkrampf an allen Ecken und Winkeln, welcher um so mehr wuchert, als Hunger und Kälte seiner Hauptursache zu Hilfe kommen.

Unvergesslich bleibt mir eine Scene in der Bürgerschule. „Ist es Ihr Geist" so rief mir eine Stimme entgegen, als ich die Thüre eines Zimmers öffnete, „oder sind Sie es selbst, den mir der Himmel zur Rettung zusendet?" — und doppelte Thränenergüsse, von Schmerz und Freude gefordert, rollten über das krampfhafte Gesicht herab. Es war ein Kaufmannssohn aus Preussen, der in der Schlacht bei Gross-Beeren blessirt, von mir im Spital des Frauenvereins geheilt und hier wieder im Schenkel verwundet war. „Aber Deine Hoffnung, armer Jüngling, ist eine leere Fulguration! Du hast einen Strohhalm in den wilden Brandungen der Zeit gehascht, der Dich gegen die Wetterschläge des Todes nicht schützen wird. Das Mark Deiner Knochen ist abgestorben, Deine Wunden athmen nicht mehr und der Todesengel flackert schon um Deine Schläfe herum, der Dich in wenigen Stunden in eine bessere Welt hinüberführen wird."

Viele sind gar nicht, andere werden nicht alle Tage verbunden. Die Binden sind zum Theil von grauer Leinwand, aus Dürrenberger Salzsäcken geschnitten, die die Haut mitnehmen, wo sie noch ganz ist. In einer Stube stand ein Korb mit rohen Dachschindeln zum Schienen der zerbrochenen Glieder. Viele Amputationen sind versäumt, andere werden von unberufenen Menschen gemacht, die kaum das Barbiermesser führen können und die Gelegenheit nützen, ihre ersten Ausflüge an den zerschmetterten Gliedern unserer Krieger zu versuchen. Einer Amputation sah ich zu, die mit stumpfen Messern gemacht wurde. Die braunrothe Farbe der durchsägten Muskeln, des Operirten nachmalige Lage und Pflege geben nur wenig Hoffnung zu seiner Erhaltung. Doch hat er den Vortheil davon, dass er auf einem kürzeren Wege zu seinem Ziele kommt.

An Wärtern fehlt es ganz. Verwundete, die nicht aufstehen können, müssen Koth und Urin unter sich gehen lassen und faulen in ihrem eigenen Unrathe an. Für die Gangbaren sind zwar offene Bütten ausgesetzt, die aber nach allen Seiten überströmen, weil sie nicht ausgetragen werden. In der Petrikirche stand eine solche Bütte neben einer anderen ihr gleichen, die eben mit der Mittags-

---

[1]) Vgl. bez. des Hospitalbrandes die Dissertation von G. L. Brauer: Observationes quaedam de gangraena nosocomiali, quae anno H. S. XIV. Lipsiae inter milites variarum nationum grassata est. Lipsiae 1820. 4º. 28. XV Seiten.

suppe hereingebracht war. Diese Nachbarschaft der Speisen und
Ausleerungen, und die Möglichkeit, dass eine triefäugige Ausgeberin
die Kelle einmal in die unrechte Bütte tauchen kann, muss nothwendig einen Ekel erregen, welchen nur der grimmigste Hunger zu
überwinden im Stande ist. Das Scheusslichste in dieser Art gab
das Gewandhaus. Der Perron war mit einer Reihe solcher überströmender Bütten besetzt, deren träger Inhalt sich langsam über
die Treppen herabwälzte. Es war mir unmöglich durch die Dünste
dieser Kaskaden zu dringen, die der Avernus selbst nicht giftiger
aushauchen kann, — und den Eingang des Spitals von der Strasse
her zu forciren. Ich fand einen andern Weg zu demselben auf dem
Hof, kam in lange und finstere Galerieen, die mit mehr als 2000
blessirten Franzosen garnirt waren, welche durch ihr Aechzen und
ihre Ausflüsse die Luft für Ohr und Nase gleich unerträglich machten.
Unter dieser Masse traf ich ungefähr 20 Preussen vergraben, die
vor Freude ausser sich waren, als sie wieder die Stimme eines
Deutschen hörten, die sie nach der Schlacht nicht gehört hatten.
„Erlösen Sie uns aus diesem Pfuhle des Verderbens!" riefen sie mir
aus Einem Munde entgegen, „wo die physischen und psychischen
Eindrücke uns in Kurzem tödten müssen." Ich versprach ihnen,
dass ich sie noch den nämlichen Abend unter ihre Kameraden bringen
würde. In der Petrikirche sah ich der Vertheilung des Mittagsbrotes
zu. Die Fleischportion wog 2—4, das Brot für den Tag ungefähr
8—12 Loth. Die Suppe bestand aus Wasser, in welchem die Reiskörner gefischt werden mussten. Bier und Branntwein wurde hier
gar nicht gegeben. An anderen Orten hatte er nur den Geruch des
Fusels, enthielt kaum 10 Proc. Alkohol, der nicht einmal durch die
Epidermis eines Kosakenmagens dringen kann. Bei dieser Diät, die
kaum einen Südländer auf den Beinen halten kann, gehen unsere nordischen Völker in kurzer Zeit verloren, verfallen in Nervenschwäche
und schwinden wie die Schatten dahin. — — — Die Diät richtet
sich nicht nach dem Manne. Der Russe frisst seinen Kapuss mit
Behaglichkeit; der Magen des Pommeraners findet an einem halben
Dutzend Gerstenklössen seine genossene Arbeit, wenn das Corinthenmännchen sich denselben an einem Zuckerbrot verdirbt, das er
aus den Händen seiner Laïs nippt. Ich schliesse meinen Bericht mit
dem grässlichsten Schauspiele, das mir kalt durch die Glieder fuhr
und meine ganze Fassung lähmte. Nämlich auf dem offenen Hofe
der Bürgerschule fand ich einen Berg, der aus Kehricht und Leichen
bestand, die nackend lagen und von Hunden und Raben angefressen
wurden, als wenn sie Missethäter und Mordbrenner gewesen wären.

So entheiligt man die Ueberreste der Helden, die dem Vaterlande gefallen sind! —

Ob Schlaffheit, Indolenz oder böser Wille die Ursachen des schauderhaften Loses ist, das meine Landsleute hier trifft, die für ihren König, das Vaterland und die Ehre der deutschen Nation geblutet haben, mag ich nicht beurtheilen. An anderen Orten ist ihr Schicksal günstiger gewesen, wo Jedermann sich an ihr Lager drängte, auf welches ihr Kampf für ihre Unabhängigkeit sie niederwarf, Balsam in ihre Wunden goss, ihre Schmerzen linderte und durch Mitgefühl ihren Muth stählte. —

Ich appellire an Ew. Excellenz Humanität, an Ihre Liebe zu meinem König und seinem Volk, helfen Sie bald; an jeder versäumten Minute klebt eine Blutschuld. Legen Sie ein Schock kranker Baschkiren in die Betten der Banquierfrauen und geben Sie in jedes Krankenzimmer einen Kosaken mit, der für die Aufrechterhaltung der Ordnung verantwortlich ist. Diese Maassregel, die gewiss Lust und Liebe zum Dinge macht, scheint mehr hart zu sein, als sie es wirklich ist. Der Kranke muss ins Bett, und die Gesunden zu seiner Wartung vor denselben kommen. Wir bespötteln sonst in dem Tadel des Hottentotten, der sich ins Bett legt, wenn seine Frau geboren hat, nur unsere eigene Inconsequenz." —

Es ist aus diesem Reil'schen Berichte unschwer zu erkennen, dass die Spitze seiner Vorwürfe gegen die Bevölkerung Leipzigs mindestens hauptsächlich gerichtet war; und es ist deshalb unerlässlich, jenen die Mittheilungen eines anderen Augenzeugen, des Dr. Gross, gegenüberzuhalten, aus welchen genügende Entschuldigung (wenn die letztere nicht schon in der Gestalt der Ereignisse selbst liegen sollte) für die von Reil vielleicht auch zu drastisch geschilderten Zustände abgeleitet werden kann. Gross bezieht sich in seinen „Erinnerungen aus den Kriegsjahren" (1850) vornehmlich darauf, dass die vor der Schlacht eingerichteten Spitäler in den Vorstädten zum grossen Theile geplündert und verwüstet waren; dass der Kaiser von Russland den strengen Befehl erliess, keinen Russen in ein Spital zu legen, in dem früher Franzosen gewesen waren; dass die Anordnungen der verschiedenen Heere einander zuwiderliefen, und dass sämmtliche Militärärzte der verbündeten Truppen dem Heere folgten und die ganze Besorgung der Spitäler den Aerzten und Wundärzten der Stadt überlassen blieb, die ausser 3 schwedischen und 5 französischen Wundärzten nur Barbiergehilfen zur Unterstützung hatten. Demungeachtet wurden nach Dr. Gross schon am 19. October nachmittags die ersten Maassregeln unter Mitwirkung des russischen General-Intendanten ergriffen, und schon am 20. October waren die bereits belegten Spitäler mit Chirurgen versehen. Am 29. October erliess der Stadtrath zu Leipzig in einem Schreiben an die Bürger, in welchem er die Bereitwilligkeit derselben rühmte, eine Aufforderung zur Unterstützung der Hospitäler, besonders mit Strohsäcken, Strohkissen, Betttüchern, Hemden, Decken, alter Leinwand, Bettstellen, Leuchtern und Töpfergeschirr.

Aber auch auswärts äusserte sich die Theilnahme. Am 25. October wurden von Ronneburg, Waldenburg, Seyfersdorf und der Regierung zu Gera reichliche Mengen von Lebensmitteln zur Unterstützung armer Leipziger Bürger gesandt; am 25. November sandte die Stadt Braunschweig für die Spitäler einen Frachtwagen mit Leinwand, Charpie und anderen Lazareth-Bedürfnissen etc. Aber wie weit reichten diese Liebesgaben für so Viele! Bestanden doch nach der Schlacht nicht weniger als 8 russische, 1 österreichisches, 4 preussische, 1 schwedisches und 9 französische Spitäler — der einzelnen in Anstalten etc. hergerichteten Räume nicht zu gedenken.

Wie hoch sich die Zahl der Verpflegten und die Sterblichkeit belief, geht aus folgender von Clarus entworfenen und von mir nach anderen Quellen ergänzten Tabelle hervor:

Monat	Wahrscheinliche Zahl der Verpflegten	Zahl der Verstorbenen	Bemerkungen
Mai 1813	2100	80	Nach der Schlacht bei Lützen die meisten Schwerverwundeten nach Weissenfels und weiter zurückgeschafft, deshalb in Leipzig die Zahl der Todten klein.
Juni 12.—18. 1813	.	43	
= 19.—25. 1813	.	51	
= 26.—2. Juli 1813	.	71	
Juli 3.—9. 1813	.	34	
= 10.—16. 1813	.	54	
August 1813	3900	300	
September 1813	9800	750	Vermehrte Sterblichkeit nach der Schlacht bei Culm etc.
October 1.—16. 1813	.	ungefähr 900	
= 17. 1813	31000	?	Sterblichkeit jedenfalls sehr hoch.
November 1813	18000	?	
December 1813	7300	1850	Höchster Grad des Nervenfiebers.
Januar 1814	5100	640	
Februar 1814	4200	230	
Januar 1815	230	13	
April 1815	215	4	

Gegen die hieraus genugsam hervorgehende Kranken-Ueberfüllung suchte man sich zwar durch Abtransportirung zu wehren. So kamen vom 20. October ab zahlreiche Verwundete auf Schubkarren in Mittweida an, von wo aus man diejenigen, welche in den 5 dortigen Lazarethen nicht untergebracht werden konnten, nach Freiberg und Chemnitz weitersandte. Allein wie in Mittweida, wo 7 Lazarethpersonen am Typhus und 58 fremde Krieger starben, so war es auch anderwärts. Fast jeder brachte neben seiner Wunde den Keim der inneren Krankheit mit; jeder neubelegte Ort schien der Seuche eine neue willkommene Brutstätte zu bieten, und unaufhaltsam wälzte sich mit den Heerschaaren der verheerende Typhus von Stadt zu Stadt fort, um erbarmungslos Militär- wie Civilbevölkerung zu lichten. Hiervon einige Beispiele. In Leipzig starben nach einem am 22. December 1813 von dem den 22. October für Sachsen errichteten General-Gouvernement erlassenen Publicandum in den russischen, preussischen und schwedischen Spitälern im Durchschnitt von 1000 Mann täglich 7. Ans Ungeheuerliche aber grenzte die Sterblichkeit in den ganz von jenen getrennten französischen Spitälern. Freilich glaubte das Gouvernement dieselbe meist auf andere Ursachen, auf Brustübel, auf Wunden etc. der widerstandslosen, jungen, vorwiegend conscribirten und gänzlich trostlosen Franzosen zurückführen zu sollen.

Auch die Civilbevölkerung Leipzigs wurde während der Dauer der Seuche (Januar 1813 bis Juni 1814) furchtbar heimgesucht. Während die Sterblichkeit Leipzigs sonst nur etwa sich auf 1200 jährlich bezifferte, stieg sie, lediglich infolge gedachter Krankheit im Jahre 1813 auf 3499[1]), im Jahre 1814 auf 2022, so zwar, dass von der 5521 Personen betragenden Gesammtzahl der in den beiden Jahren Verstorbenen gegen 3721 am Nervenfieber und nur etwa 1800 an anderen Krankheiten verstarben, während die Zahl der am Nervenfieber Erkrankten auf 18600 geschätzt wird — und das alles bei einer Bevölkerung mit ungefähr 34000 Seelen.

Im November 1813 erreichte die Seuche ihren Höhepunkt[2]); im März 1814 kam sie nur noch vereinzelt vor und nahm ihre Sterblichkeit von 16 bis auf 2 Proc. ab.

Wie sehr hierzu die Maassregeln des General-Gouvernements beitrugen, kraft deren zu Gunsten Leipzigs die Militärstrasse verlegt, die Kirchen geräumt, das Schlachtfeld revidirt und die dortigen Gräber mit einem 2 Ellen hohen Erdaufwurfe bedeckt werden sollten, möge dahin gestellt bleiben.

Nicht wenig hiervon wird jedenfalls auf Rechnung der Opferfreudigkeit der Leipziger Aerzte zu bringen sein. Denn von den

---

1) Unter diesen befanden sich auch der Vater und vier Geschwister vom Componisten Richard Wagner. — H. Fr.
2) Während vom 23.—29. October 113 Bewohner Leipzigs geendet hatten, starben vom 6.—12. November 146 und vom 20.—26. November 215. — H. Fr.

70 Leipziger Aerzten, Wundärzten und Apothekern unterzogen sich 40 der Besorgung der Spitäler, während 30 ausschliesslich den Einwohnern sich widmeten. 8 Aerzte, 4 Candidaten der Medicin und 14 Barbiergesellen erkrankten am Nervenfieber und 18 Medicinalpersonen verstarben daran.

Auch nach Lübben in der Niederlausitz, welches 1813 stark von Durchzügen der französischen und Rheinbundstruppen heimgesucht war, kam mit den daselbst zurückgelassenen 1678 Kranken, von denen ein sehr grosser Theil starb, der Kriegs-Typhus, welchem 2 dortige Aerzte und mehrere Wundärzte, sowie eine bedeutende Anzahl von Einwohnern erlagen.

In der kleinen Stadt Reichenbach in der Oberlausitz wurden, abgesehen von den maasslosen Durchmärschen und Einquartierungen, in der Zeit vom 11. Mai bis 26. October 1813 an verwundeten und kranken Soldaten 594 Mann durch 6034 Tage verpflegt.

In wie furchtbarer Weise der Typhus im Jahre 1813 in den beiden Lausitzen herrschte, geht aus den 16 Todesfällen hervor, welche Aerzte und Apotheker in Ausübung ihres Berufes trafen.

Die ganze Bevölkerung der beiden Lausitzen verringerte sich erschrecklich; allein in der Oberlausitz betrug diese Verminderung zu Ende 1813 mehr als 9000 Seelen.

In Annaberg wurde durch ein am 3. März 1813 daselbst angelegtes sächsisches Feldspital, welches auf vielen Wagen kranke sächsische Soldaten in hilflosestem Zustande mit sich führte, der Typhus eingeschleppt. Nach 14 Tagen machte sich die Ansteckung durch den Verkehr mit den Kranken bemerkbar. Im Feldspitale starben von fast 500 Kranken 53; erst Ende Mai hörte die Seuche auf.

Ebenso brach mit den einrückenden Kriegsspitälern der Typhus in Schneeberg, Chemnitz, Freiberg und Augustusburg aus; ja selbst in Thum, wo die Spitalkranken Annabergs nur *eine* Nacht zugebracht, raffte der Typhus viele Einwohner hin.

Von der zweiten Typhus-Epidemie, welche Ende October 1813 bis April 1814 herrschte, wurden vorzüglich Annaberg, Marienberg, Geyer, Zwickau etc. heimgesucht. In letzterer Stadt, in welche nach der Schlacht bei Leipzig viele Verwundete gebracht worden waren, gab es im November und December kaum ein Haus, in welchem nicht mehrere Kranke an Typhus darniederlagen. Die meisten Aerzte wurden die ersten Opfer der Krankheit. Das dortige russische Lazareth fasste 460 Betten und blieb Dank der von der opferfreudigen freiwilligen Krankenpflege Zwickaus unterstützten Verpflegung vom Typhus ganz verschont. Im Uebrigen betrug die

Zahl der Todten, welche 1812 die Ziffer von nur 183 erreicht hatte, im Jahre 1813 376 vom Civil und 380 vom Militär, und im Jahre 1814 260 Einwohner und 48 fremde Soldaten.

Auch Dresden sollte den Becher unsäglicher Trübsal bis auf den Grund leeren. Den Höhepunkt erreichte hier die Noth, als nach der Schlacht bei Leipzig mit der Einschliessung Dresdens durch die Verbündeten, der Mangel an Nahrungsmitteln, namentlich an Salz, welches von den Franzosen zum Einpökeln ihres ausgeschlachteten Viehes gebraucht worden war, zur Unerträglichkeit stieg. Der Typhus wurde immer fürchterlicher, als die Aerzte aufgerieben und die Arzneien ausgegangen waren. Von der Einwohnerschaft, die etwa 54000 Seelen zählte, starben wöchentlich 200—300 Personen, ohne die Hunderte in den Lazarethen. Ein Augenzeuge (Weinhold) führt an, dass, als der Typhus seinen höchsten Grad erreicht hatte, über den zehnten und elften Einwohner und den vierten und fünften Franzosen das Todeslos geworfen war. Während sonst im jährlichen Durchschnitt 1600 bis 1800 Menschen endeten, starben im Jahre 1813 nicht weniger als 5552. Von Soldaten (wohl meistens Franzosen) sind nach Meyer's Topographie Dresdens 21090 als Gestorbene in den Kirchen-Verzeichnissen angegeben; ja Weinhold glaubt, dass im Mittel die Gebeine von 70000 Franzosen in und um Dresden liegen müssen. Bei der endlich am 11. November 1813 erfolgten Capitulation von Dresden befanden sich noch 6031 Mann in den dasigen Lazarethen. Die Seuche dauerte übrigens noch bis in's Jahr 1814 hinein und beeinflusste wesentlich die Sterblichkeit (3273 Personen) dieses Jahres.

Unvergleichlich schauerlicher waren die Erlebnisse in den belagerten Festungen. Wittenberg litt unsäglich während seiner Blockade vom 8. März bis 15. Mai. Noch viel grösser aber waren die Leiden, welche diese Stadt während der am 28. October begonnenen und mit der Erstürmung in der Nacht vom 13.—14. Januar endigenden Belagerung erduldete. Der Typhus forderte auch hier zahlreiche Opfer. Die medicinischen Professoren der Universität waren mit etwa 4000 Einwohnern ausgewandert; andere Aerzte starben. Die Sterblichkeit der Einwohner betrug, seit Juli 1813 zunehmend, bis Januar 590 Personen, also monatlich im Durchschnitt 98, während sonst nur 300 bez. 50 Todesfälle vorfielen; der Januar allein lieferte 147 Todte, und vom 14. Januar bis 24. April starben 331 Personen.

In Folge der Belagerung Magdeburgs wurde anfangs 1814 ein Blockade-Militärhospital zu Helmstedt für 300 Betten eingerichtet. Bereits waren seine beiden Dirigenten Professor Dr. Sievers und

Dr. Braune dem Hospital-Typhus zum Opfer gefallen, als am 9. Mai der Militärarzt Sander die Leitung übernahm. Durch blosse gesundheitliche Maassregeln, insbesondere durch die Leerung der in den Stuben in Form von Kleiderschränken angelegten „heimlichen Gemächer" gelang es ihm, dass die Sterblichkeit, welche im April (bei 315 Kranken) noch 12 Proc. betrug, im Mai auf 2,8 Proc., im Juni auf 1 Proc. sank, und vom 7. Juni 1814 an niemand mehr am Hospital-Typhus starb. Ausser jenen zwei Dirigenten waren 3 Chirurgen, 4 Revier-Inspectoren und 5 Krankenwärter dem Typhus zum Opfer gefallen, und 1 Oberinspector, 1 Oberchirurg, 3 Unterchirurgen, 3 Revierinspectoren und 19 Krankenwärter hatten ihn überstanden — in einem Zeitraum von nur einem Vierteljahre! (Vgl. Rust's Magazin für die gesammte Heilkunde. Band 2, S. 1—36).

Ganz beispiellos waren die Zustände in der von den Sachsen besetzten Festung *Torgau*.

Am 24. October 1813 wurde die Festung von allen sächsischen Truppen verlassen und von Franzosen besetzt, mit welchen wiederum die furchtbare Seuche einzog. Dieselbe äusserte sich nach Richter vornehmlich theils als „wahrer Typhus" von mannigfacher Art und Abstufung, theils als ruhrartiger Durchfall. Durch letzteren nahm die Unreinlichkeit entsetzlich überhand. Die Zimmer glichen dunstigen Kloaken, innerhalb deren sich die Kranken im eigenen Unrathe wälzten und bei lebendigem Leibe verfaulten.

Die von brennendem Durste gequälten Kranken *sollen* im Mangel an Trinkwasser den Harn ihrer Nachbarn gierig verschlungen haben. In diesen Jammerhöhlen blieben die Todten häufig Tage lang bei ihren noch lebenden Kameraden, nicht selten sogar in dem nämlichen Bette liegen. Die stärkeren Kranken entrissen den schwächeren und sterbenden ihr Lagerstroh, ihre Decken und andere Geräthe, um sich ihre Lage nur einigermaassen zu erleichtern. Die gierigen Hände teuflischer Krankenwärter durchwühlten, statt den Kranken beizustehen, deren Lagerstellen unaufhörlich; und lange vorher, ehe noch ein gewisser Tod die Augen des Unglücklichen schloss, war er auch schon beerbt.

Den Franzosen fehlten Militärärzte, und die vorhandenen kümmerten sich wenig um die Kranken. Als nun die Festung von den Preussen immer enger eingeschlossen wurde, herrschte der Typhus, der sich der Bürgerschaft mitgetheilt hatte, in so hohem Grade, dass täglich gegen 200 Kranke weggerafft wurden. Eine Hauptursache dieser Sterblichkeit war die äusserst dichte Belegung der 557 Häuser mit 32000 Mann (einschliesslich 12000 Kranke) der Garnison und

5000 Einwohnern. Den Höhepunkt erreichte die Seuche in der zweiten Hälfte des November, welcher Monat 8000 Todte lieferte, und in den ersten Tagen des December, wo die Ziffer der an *einem* Tage Gestorbenen bis auf 344 stieg. So wurden (nach Richter) vom 1. September 1813 bis 10. Januar 1814, dem Tage der Uebergabe des Platzes an die Preussen, auf den öffentlichen Begräbnissplätzen beerdigt:

Monat	Franz. Militär	Sächs. Militär	Civil	Summa
September 1813	1107	64	43	1214
October 1813	4803	36	66	4905
November 1813 . .	8209	3	228	8440
December 1813 . .	4886	.	258	5144
Januar 1814	649	.	83	732
Summa:	19654	103	678	20435

An dieser Todtenliste fehlen vom französischen Militär diejenigen Todten, welche im Brückenkopf, den verschiedenen Forts und Aussenwerken verstorben und daselbst verscharrt wurden, oder unbegraben liegen blieben, oder im Monat November auf der Höhe der Sterblichkeit in grossen Mengen in die Elbe geworfen wurden. Rechnet man diejenigen hinzu, welche in den ersten 8 Monaten des Jahres 1813 in Torgau starben, so mag die Zahl der daselbst gestorbenen Franzosen 28000—30000 betragen. Die seit Ende December erfolgte Abnahme der Todtenzahl hatte ihre Ursache theils in der eingetretenen Kälte, theils darin, dass die Garnison zuletzt bis auf ein Viertel zusammengeschmolzen war, und die Lazarethe ausgestorben waren. Als die Festung den 10. Januar 1814 übergeben wurde, bestand die Besatzung noch aus 5000 dienstfähigen Leuten, von denen aber nur 4500 als gesund aus der Stadt entlassen, gegen 500 dagegen als verdächtig wieder in die Lazarethe geschickt wurden. Es starben von den bei der Uebergabe in den Lazarethen befindlichen 3188 Soldaten bis zum 31. März noch 814. Die etwa 5100 starke Civilbevölkerung lieferte vom 1. Januar 1813 bis Ende April 1814 1122 Todte, und zwar vom 1. September 1813 bis 31. März 1814 allein 900, während die sonstige Jahressterblichkeit sich auf 258 beziffert hatte. —

Es würde zu weit führen, ins Einzelne zu verfolgen, wie schwer die Hand des Schicksals auf Sachsen lag. Einen allgemeinen Ueberblick verschafften seiner Zeit die Erörterungen des russischen General-Gouvernements. Nach denselben betrug die Zahl der Kranken und

Verwundeten in 150 Ortschaften am 8. November 1813: 50000; und zwar kamen u. a. auf Leipzig 20000, Chemnitz 3000, Plauen 4000, Altenburg 1800, Naumburg 300, Weissenfels 800, Merseburg 700, Hubertusburg 1500, Zwickau 3000 etc. Vom 23. October 1813 bis Ende Januar 1814 wurden unter dem preussischen Beamten Ludwig von Voss, Generaldirector über das Krankenwesen, 3511247 Verpflegungstage für Kranke und Verwundete, darunter allein 1009437 für Franzosen gezählt.

„Ganz Sachsen war beim Amtsantritte des preussischen General-Gouvernements am 8. November 1814 (laut einer amtlichen Schrift von 1814) ohne Ausnahme einer einzigen Provinz, erschöpft durch mittelbare und unmittelbare Folgen des Krieges, durch jahrelange Einquartierung, Lieferung und Spannung; mehrere Provinzen, namentlich ein Theil des Meissner, Erzgebirgischen, Wittenberger und Thüringer Kreises, der Ober- und Niederlausitz und des Jüterbogker Kreises vom Fürstenthum Querfurth, fast gänzlich verheert; viele Orte abgebrannt, oder zum Theil zu den Wachtfeuern der Truppen abgetragen; viele andere durch Plünderung des nothwendigsten beraubt; die Einwohner geflüchtet und zerstreut; auf grossen Dominien, in ganzen Gemeinden kein Zug- und Zuchtvieh, kein Getreide zur Brödung und Aussaat; hauptsächlich das rechte Elbufer planmässig entblösst von allen Mitteln der Subsistenz; in allen Landestheilen *pestartige Seuchen*; tausend unglückliche Kinder verwaist, ohne Versorgung; die Städte *angefüllt* mit Lazarethen, in welchen tausende *verwundeter* und *kranker Krieger* aller Nationen auf Kosten des Landes geheilt und verpflegt werden mussten" etc.

Wie weit die schlichten Worte hinter der Grösse des damaligen Nothstandes zurückbleiben, beweisen die Rechnungen der unmittelbar nach der Schlacht bei Leipzig von den Verbündeten eingesetzten Central-Steuer-Commission des Königreichs Sachsen. 48790 Verwundete und Kranke in 101 Lazarethen verlangten am Tage der Organisation dieser Commission ihre Verpflegung und Heilung. 35000 Mann belagerten Dresden, 32000 Mann die Festungen Torgau und Wittenberg; weitere 37200 Mann waren beim Vorrücken der verbündeten Heere im Lande zurückgeblieben und forderten ihre Erhaltung.

Wie hoch sich der Aufwand für die in den Lazarethen und bei den Einwohnern Sachsens vom 19. October 1813 bis Ende Februars 1815 verpflegten Kranken und verwundeten Truppen der kriegführenden Mächte nach *Verpflegungstagen* berechnet, ist aus folgender tabellarischer Uebersicht zu erkennen:

Militärische Ereignisse und Feldsanitätsdienst.

Kreise und Bezirke	Oesterreicher Offiziere	Oesterreicher Mannschaften	Russen Offiziere	Russen Mannschaften	Preussen Offiziere	Preussen Mannschaften	Schweden Offiziere	Schweden Mannschaften	Sachsen Offiziere	Sachsen Mannschaften	Bundestruppen Offiziere	Bundestruppen Mannschaften	Franzosen Offiziere	Franzosen Mannschaften	Summe Offiziere	Summe Mannschaften	Goldbetrag (20 Gr. für den Offizier, 14 Gr. für den Mann) in Thalerwährung Thaler
Wittenberger und Juterbogker Kreis	.	21	9	2823	2998	160459	.	14	.	4473	6	211	2376	88084	5389	256085	153873
Thüringischer Kreis und Mansfeld	100	3436	177	16008	20	64589	.	1132	.	27144	.	2367	836	142209	1133	256935	150822
Meissner Kreis	767	33208	8632	192879	746	88921	.	.	.	8958	.	19840	18336	565958	28481	909794	554447
Erzgebirgischer Kreis und Schönburgische Herrschaft	5929	132674	3891	153199	2109	121279	.	.	304	8201	.	1307	3711	139388	15934	556046	337639
Leipziger Kreis	1480	60202	16526	735741	2795	268368	111	11081	625	261831	177	30325	31257	536585	52971	1904133	1154896
Voigtländischer Kreis	102	7352	5806	261181	.	2717	.	.	.	1242	.	12	4	3121	5912	275625	165707
Neustädter Kreis	.	2132	.	47521	.	18672	.	.	.	3942	.	718	.	3003	.	75985	44326
Stift Merseburg	.	1286	110	48283	93	2636	.	924	.	6676	.	.	203	9676	203	69481	40699
Stift Naumburg-Zeitz	2091	21865	109	13896	717	12257	43	2116	27	4656	.	8529	1213	23176	4157	84379	52655
Querfurter Kreis	.	.	.	919	.	599	.	.	62	5645	.	1237	.	.	105	10516	6221
Grafschaft Henneberg	.	521	.	4881	.	4427	.	.	.	42	.	257	.	250	.	10376	6053
Markgrafenth. Oberlausitz	198	12042	4584	77218	750	54938	.	.	20	5094	2	16475	196	46075	5750	211842	128366
Markgrafenthum Niederlausitz	.	.	57	5214	120	14518	.	.	.	11403	.	389	14	1580	191	33104	19469
Summe:	10667	274789	39891	1550763	10348	814380	154	15267	1038	349307	185	80430	57943	1560372	120226	4651308	2815203

Gehalt für Aerzte: 38083
2853286

Zu diesem ziemlich drei Millionen Thaler betragenden Lazareth-Aufwand kommen noch fast 13 Millionen Verpflegungs-Aufwand für die Truppen der Blockaden, Garnisonen etc., so dass man geradezu staunen muss, wie Sachsen die Ertragung solcher Opfer überhaupt möglich wurde.

Kein Wunder, dass dieselbe das Mitleid des In- und Auslandes wachrief. Nicht nur that sich vor Allem England durch reiche Gaben, die etwa auf 428175 Thaler zu veranschlagen sind, hervor, auch innerhalb Sachsens regten sich von Anfang an die gebildeteren und begüterteren Klassen, der grenzenlosen Noth durch freiwillige Unterstützungen einen Damm zu setzen.

Nachdem Sachsen durch die Schlacht bei Leipzig von den Franzosen befreit worden war, wurde die Landes-Bewaffnung gegen dieselben ins Werk gesetzt, und zur Errichtung des „Banner der freiwilligen Sachsen" (Patent vom 31. October 1813) und einer Landwehr (Patent vom 9. November) geschritten. Dazu bildeten sich in den verschiedenen Kreisen des Landes Ausschüsse, welche freiwillige Beiträge sammelten. So entstanden in Leipzig ein Mädchen-Verein, in Freiberg ein „Verein der deutschen Frauen im Erzgebirge", ebenso in Dresden, Zittau etc. besondere Frauen-Vereine. Ferner wurde für die durch den Krieg verwüsteten Bezirke am 28. December 1813 vom Gouvernement eine „Hilfs- und Wiederherstellungs-Commission für Sachsen" eingesetzt, und bald brachte dieselbe besonders dadurch, dass jeder über 14 Jahre alte Einwohner mindestens 2 Groschen steuern musste, eine namhafte Summe zusammen.

Ferner setzte sich für die unglücklichen Bewohner des Leipziger Schlachtfeldes am 3. Januar 1814 ein „Unterstützungs-Verein für Leipzigs Umgebungen" zusammen, welchem Gelder aus ganz Deutschland und dem Auslande zugingen; und so würde noch manches glänzenden Zeugnisses menschenfreundlichen Opfersinnes zu gedenken sein, wenn es gälte, die Darstellung sich ins Einzelne ergehen zu lassen.

Diejenigen, welche sich für die Einzelheiten interessiren, verweise ich auf Gurlt's Geschichte der internationalen und freiwilligen Krankenpflege im Kriege (Leipzig 1873), welche auf S. 445 ff. das Einschlagende so ausführlich wiedergegeben hat, dass ihr Hauptinhalt unmittelbar in diese Darstellung aufgenommen worden ist. —

Nach dem Jahre 1813 wurden die Trümmer des Heeres zu einem Ganzen vereinigt, ausserdem wurden mehr als 2000 Mann Rekruten ausgehoben, auch ein Korps von 4000 Freiwilligen „der Banner" formirt. Durch die beispiellosen Anstrengungen wurde ein Heer von über 40000 Mann zusammengebracht, welches grösstentheils als

3. Deutsches Armee-Korps an dem Feldzuge 1814 in Holland und den Niederlanden theilnahm. Nach dem Pariser Frieden kehrte die Landwehr und der Banner nach Sachsen zurück; die Linien-Truppen aber — 16000 Mann — blieben am Nieder-Rhein bis zum Frühjahr 1815. Von da wurden sie nach Lüttich und dann ins Osnabrück'sche gezogen, wo die Theilung der Truppen in Folge des Wiener Friedens vor sich ging. —

Die Zeit von der Gründung des deutschen Bundes 1815 bis zum Jahre 1850 ist weniger durch kriegerische, als organisatorische Ereignisse gekennzeichnet. Noch im Jahre 1815 änderte sich mit der auf 13000 Mann erfolgten Verminderung die Verfassung des Heeres. Sodann beruhte der Umfang und die Ergänzung des Heeres auf der Kriegsverfassung des deutschen Bundes vom 9. April 1821, nach welcher jedes Bundesglied 1 Proc. seiner ganzen Bevölkerung als Kontingent und $1/6$ Proc. als Reserve zu stellen hatte. Der erste hiervon abhängige Erlass erschien am 25. Februar 1825 und erhielt am 5. November 1827 Erläuterungen. So betrug das Kontingent des Königreichs Sachsen nach der bis zum Jahre 1848 geltenden provisorischen Matrikel 12000 Mann und die Reserve 1000 Mann, welche durch Aushebung von Leuten aufgebracht wurden, deren Militärpflicht mit dem 1. Januar des Jahres begann, in welchem sie das 20. Lebensjahr zurücklegten. Da die Dienstzeit auf 8 Jahre festgesetzt war, so betrug der Ergänzungsbedarf in der Regel, und wenn kein ausserordentlicher Abgang stattgefunden hatte, $1/8$ der Heeresstärke, also jährlich 1750 Mann. Weiterhin führte das Gesetz vom 26. October 1834 die Stellvertretung ein und setzte die Dauer der wirklichen Dienstzeit auf 6 Jahre herab und erhöhte diejenige in der Reserve auf 3 Jahre. Im Jahre 1848 wurde auf Beschluss der deutschen Nationalversammlung auch das sächsische Kontingent von 1 bis auf 2 Proc. der wirklichen Bevölkerung gesteigert, und in Folge dessen die Stellvertretung und Losung in Wegfall gebracht.

Die Zeit des friedlichen Ausbaues des Heeres wurde anfangs April 1849 unterbrochen, als ein mobiles sächsisches Kontingent in der Gesammtstärke von 6000 Mann sich mit anderen zum Kriege gegen Dänemark in Schleswig-Holstein aufgestellten deutschen Kontingenten vereinigte. Nach abgeschlossenem Waffenstillstande, im Monat September desselben Jahres, kehrte dieses Kontingent nach Sachsen zurück.

Nicht unerwähnt darf in der Chronik des Jahres 1849 der Maiaufstand bleiben, in welchem die in Sachsen verbliebenen und nicht viel über 4800 Mann sich belaufenden Truppen den Dresdener

Strassenkampf gegen etwa 60000 Rebellen erfolgreich bestanden. Einen organisirten Gefechts-Sanitätsdienst gab es selbstverständlich bei den Aufrührern nicht; wohl aber war dem Dr. med. Richter, Professor an der chirurgisch-medicinischen Akademie, die Errichtung von Lazarethen übertragen worden. Dieser Arzt erstattete als Hauptdirigent über die getroffenen Maassregeln nach der Angabe von Montbé's [1]) am 7. Mai 1849 folgenden Bericht.

„Anzeige."

„Dem Sicherheitsausschusse zeige ich hierdurch an, dass die provisorischen Lazarethe in der Altstadt, soweit sie mir zugängig waren und es bez. noch sind, in folgender Weise organisirt sind:

1. Hauptlazareth in dem Polizeigebäude:
    Dirigirender Arzt: Dr. Bucher
    Unterarzt stellvertr. Dr. Stumme
    =   Chirurg Jacobsen von hier
    =   Student Götze   =   =
    =   =   Zechner   =   =
2. Nebenlazareth dazu im deutschen Hause:
    Dirigent: Dr. Troitzsch aus Frankenberg
    Hilfsarzt Student Götze   aus Leipzig
    =   =   Müller   =   =
    =   =   Neumann   =   =
3. Nebenlazareth am Altmarkte Nr. 6:
    Dr. Küstner, daselbst wohnhaft, für sich allein.
4. Hauptlazareth in der Rathsbaderei und der damit durch Einschlagen der Zwischenwand verbundenen Kinderheilanstalt:
    Dirigent: Dr. Hommel von hier
    Unterarzt Stadtchirurg Heinze
    Gehilfen: dessen Chirurgengehilfen.
5. Interimslazareth auf der Webergasse Nr. 25 part.:
    Dirigent: Dr. Götze aus Leipzig
    Unterarzt Student Krebs aus Leipzig
    Zwei Chirurgengehilfen aus der Weissleder'schen Barbierstube.
6. Desgleichen bei Dr. Keiler, Jüdenhof- und Frauengassenecke Nr. 1: Dirigent: Dr. Keiler von hier
    Hilfsarzt Dr. Butter aus Leipzig.

Sämmtliche genannte Dirigenten sind von mir bevollmächtigt,

---

1) Der Mai-Aufstand in Dresden. Auszugsweise bearbeitet nach officiellen Quellen von A. v. Montbé, Oberlieutenant im kgl. sächsischen Generalstabe. Dresden 1850. 8°. II. 340 S. 1 Plan (vgl. S. 233 u. 234).

die nöthigen ärztlichen und diätetischen Bedürfnisse auf Kosten der Gemeinde gegen schriftliche Anweisungen zu requiriren.

Ausserdem hat Herr Dr. Naumann von hier seit gestern die im Rathhause sich anmeldenden Blessirten leichterer Art fortwährend verbunden und das nöthige dazu aus der Apotheke bezogen.

Ferner höre ich, dass ähnliche Anstalten von dem Herrn Dr. Fränzel (Leibchirurg), Stadtchirurg Kox und Dr. Gräffe von hier angelegt werden sollen. Doch habe ich keine Kenntniss über die Ausführung."

Eine Darstellung des Sanitätsdienstes bei den königlichen Truppen ist mir nicht bekannt geworden; doch sind Thatsachen berichtet, welche den Militärärzten ein ehrendes Zeugniss ausstellen. So hält von Montbé folgenden Vorfall (S. 172, Anmerkung) für erwähnenswerth: „Regimentsarzt Siegel[1] blieb zurück, versuchte unter dem heftigsten Feuer ihn (den gefallenen Tambour) aufs Trottoir zu ziehen; als ihm dies gelungen, lief er allein der Sturmkolonne nach." Dieser Regimentsarzt erhielt die seltene Auszeichnung des Ritterkreuzes vom Militär-Sct.-Heinrichsorden, während Prof. Pech von der chirurgisch-medicinischen Akademie, Medicinalrath Dr. Baumgarten und Regimentsarzt Dr. Wessneck mit dem Ritterkreuze des Civil-Verdienstordens, letzterer ausserdem mit dem rothen Adlerorden III. Klasse, belohnt wurden.

Die Zahl der Todten und Verwundeten auf Seite der Aufständischen ist nicht genau zu ermitteln gewesen. Das Dresdner Journal giebt deren nur 114 an. Anderwärts[2]) werden die Todten mit 236 angegeben. von Montbé meint (S. 304, Anmerkung): Man giebt die Todten auf 212—250 an, und würde die Zahl der Blessirten sonach verhältnissmässig 700—800 betragen müssen; indess dürfte bei der Eigenthümlichkeit des Gefechts für die Todten und Verwundeten auf Seite der Aufständischen eine andere Proportion als die gewöhnliche anzurechnen sein, so dass man nur 2 Blessirte auf einen todten Rebellen zählen kann, wonach die Summe der Verwundeten dann circa 400 betragen würde.

Die Truppen hatten an Todten 3 Offiziere (unter ihnen den bekannten Generalmajor Homilius) und 20 Mannschaften; an Verwundeten 6 Offiziere und 57 Mannschaften. Die zu Hilfe herbeigeeilten preussischen Truppen verloren an Todten 2 Offiziere und 6 Mannschaften und an Verwundeten 34 Mannschaften. —

Kehren wir von der Betrachtung der kriegerischen und militär-organisatorischen Ereignisse, welche die erste Hälfte des 19. Jahr-

---

1) Siegel stand beim 1. Linien-Infanterie-Regiment „Prinz Albert".
2) Die Garnison Leipzig v. J. 1830—1869. Leipzig 1869.

hunderts dem sächsischen Armee-Korps gebracht hat, zurück auf die besonderen sanitären Eigenschaften und Vorkommnisse, welche sich seit Beginn des 19. Jahrhunderts im genannten Armee-Korps entwickelten, so gilt es, um das Fortschreiten der Sanitäts-Verfassung richtig zu erfassen, vor Allem den in der Friedenszeit herrschenden Gesundheitszustand des Armee-Korps soweit zurück wie möglich zu verfolgen.

Glücklicherweise hat schon der ehemalige Generalstabsmedicus

Jahr	Stärke des Heeres	Krankenbestand anfangs d. Jahres		Krankenzugang des Jahres		Zahl der Sterbefälle	Häufigkeit			
		Lazareth-Kranke	Revier-Kranke	Lazareth-Kranke	Revier-Kranke		Darmtyphus		Cholera	
							Häuf.	Sterbl.	H.	St.
1819	Seit 1815 13000	285		4772		57	44	7	.	.
1820	13000	273		5522		44	18	3	.	.
1821	13000	229		4623		24	6	1	.	.
1850	im November nach Mobilisirung 26300	620		11192		94	161	23	97	19
1851	.	547		5810		70	150	8	.	.
1852	.	189		.		.	.	.	.	.
1857	.	274		6414		96	131	36	.	.
1858	.	250		.		.	.	.	.	.
1867	Sollstärke = 1 % des Volkes	1121		10653		104	140	20	.	.
1868		1000		12453		.	.	.	.	.
1872	20362	624	339	6770	9548	131	171	19	.	.
1873	21814	599	186	7430	9654	108	92	12	.	.
1874	21562	532	127	6641 und 563	6208	100	132	15	.	.
1875	23271	512	143	8111 und 464	6038	100	96	16	.	.
1876	23615	549	85	8320 und 397	4716	86	83	6	.	.
1877	23362	471	82	7609 und 468	4026	100	75	13	.	.
1878	23521	507	72	7808 und 380	3016	72	73	5	.	.
1879	23574	528	79	7621 und 506	3024	94	70	5	.	.
1880	23242	505	66	7603 und 608	3454	91	145	9	.	.
1881	26166	458	41	8869 und 491	3262	97	123	11	.	.
Etatjahr: 1882/83	27453	555	76	7871 und 491	12574	117	184	14	.	.
1883/84	27347	619	227	7591 und 1257	11824	105	87	9	.	.
1884/85	27064	662	178	8235 und 1296	11275	107	56	5	.	.
1885/86	26845	624	215	8377 und 1632	11762	124	73	9	.	.
1886/87	27015	753	279	8851 und 1370	11533	106	87	10	.	.

Schön im Anfang des in Rede stehenden Zeitabschnittes Berichte über die Gesundheit des sächsischen Armee-Korps in der einstigen Zeitschrift für Natur- und Heilkunde niedergelegt, welche, obwohl sie durch einige Rechenfehler entstellt sind und obgleich ihnen ein gleichzeitiger Hinweis auf die damalige Heeresstärke fehlt, doch einigermaassen den Vergleich mit der späteren und der neueren Zeit zulassen. Es sei daher gestattet, eine hierauf bezügliche tabellarische Uebersicht hier folgen zu lassen:

und Sterblichkeit wichtiger Militärkrankheiten

Ruhr		Lungensucht		Lungenentzündung		Wechselfieber		Hitzschlag		Syphilis	Tripper	Krätze	Quellen
H.	St.	H.	St.	H.	St.	H.	St.	H.	St.				
.	.	29	17	.	4	47	0	.	.	618		515	Berichte von Schön
.	.	7	0	68	0	45	0	.	.	512		369	
.	.	43	8	47	2	28	0	.	.	469		166	
.	.	109	32	.	.	264	0	.	.	1776		.	Nosologische Tabellen der Kgl. Sanitäts-Direction
.	.	69	22	.	.	80	0	.	.	1090		.	
.	.	56	30	.	.	55	0	.	.	659		637	
.	.	120	23	209	5	45	0	.	.	1167	687	2430	Berichte von Needon. (Allgem. mil.-ärztl. Z. 1869 Nr. 44.)
.	.	.	.	.	.	.	.	.	.	1282	892	2340	
9	0	73	36	134	6	19	0	23	5	776	653	510	Berichte der Kgl. Sanitäts-Direction
87	4	52	18	164	6	35	0	9	1	794	700	447	
37	2	38	17	195	5	40	0	13	2	868	568	321	
206	6	34	15	273	9	35	0	13	2	899	704	189	
9	2	30	22	199	5	27	0	23	0	899	738	129	
9	0	30	18	194	9	39	0	3	0	976	791	103	Berichte von Evers
4	0	30	24	132	2	33	0	5	0	1041	936	159	
1	0	28	21	175	11	33	0	13	1	767	810	192	
2	0	28	19	224	8	16	0	10	0	816	858	228	
72	3	39	16	271	12	32	0	6	0	803	966	337	
14	1	60	15	277	15	30	0	19	2	398	901	509	
6	1	64	13	285	22	3	0	10	0	368	850	473	
2	0	62	10	226	14	3	0	16	1	379	897	439	
0	0	73	21	336	16	6	0	18	2	411	841	341	
0	0	62	16	396	11	5	0	73	0	375	715	278	

Krankenverpflegung
in der 1. Hälfte des 19. Jahrhunderts.*)

Der kriegerische Charakter anfangs des 19. Jahrhunderts hatte keinen Zweifel daran übrig gelassen, dass man für die Unterbringung der Kranken in viel grösserem Umfange, als es bisher geschehen, Sorge tragen musste, und dass man insbesondere die Hauptstadt, den Schauplatz häufiger Truppenzusammenziehungen, reichlich zu bedenken hatte. Man erkannte, dass man mit den beiden Lazarethhäuschen, welche bisher bestanden, den Bedarf nicht im entferntesten decken konnte, kaufte 1811 unter Beibehaltung jener zwei Lazarethe das dem Kriegsrath Georgi gehörige (vormals Moszinsky'sche) Palais für 17000 Thaler an und beschloss die Einrichtung desselben für 240 Kranke der Leib-Grenadier-Garde und der Regimenter „König" und „Niesemeuschel". Vom Juni 1814 an, nachdem die sämmtlichen bisher von den betheiligten Truppentheilen verwalteten Militärspitäler unter eine allgemeine Verwaltung gestellt worden waren, bestimmte man das neue Hospital zum alleinigen Lazarethe für die gesammte Dresdner Besatzung. Von 1837—1838 errichtete man unter baulicher Mitverwendung der bisherigen Artillerieschule wiederum ein neues Garnisonhospital[1]) für einen die innere Einrichtung mit einschliessenden Aufwand von 31984 Thaler 22 Neugroschen 7 Pfennigen an Stelle des für 16500 Thaler versteigerten.

Betreffs der Feldhospitäler wurde (vergl. Med.-Reglement von 1841 § 254) von dem Grundsatze ausgegangen, dass im Laufe eines Feldzuges durchschnittlich der 10. Mann krank oder verwundet ist, und dass auf 400 Kranke 1 Stabsarzt, 3 Oberärzte, 16 Unterärzte, 2 Militärapotheker etc. unumgänglich nöthig sind. Für ein Korps von z. B. 12000 Mann als Bundeskontingent war mit Berücksichtigung der Schlussacte des 9. Armee-Korps der Etat folgender:

A. Beim Generalstabe des Armee-Korps:
    1 Generalstabsarzt, 1 Oberarzt, 1 Unterarzt.

B. Beim Generalstabe der 1. Division:
    1 Oberstabsarzt als dirigirender Arzt des Medicinal- und Hospitalwesens bei der Division unter dem Befehl des Generalstabsarztes, 1 Stabsarzt, 1 Oberarzt und 1 Unterarzt, 1 Militär-

---

*) Fortsetzung zu Seite 38.

1) Dasselbe war für die Besatzung der Hauptstadt und die derselben nächstgelegenen Garnisonen bestimmt. Im Uebrigen war bei jedem Infanterie-Regiment ein Hospital für 25—30, bei jedem Reiter-Regiment und selbstständigen Bataillon ein solches für 15—20 Kranke. (Med.-Regl. von 1841. § 172 und § 173).

Oberapotheker, 1 Militär-Apothekenprovisor, 2 Arbeiter in den Apotheken, 1 Hospitalschreiber und 2 Krankenwärter als Aufseher.

C. Bei den stehenden, in Ortschaften bleibend errichteten Feldhospitälern:

3 Stabsärzte, 9 Oberärzte, 48 Unterärzte, 3 Apotheker, 3 Provisoren, 6 Apotheken-Arbeiter, 3 Hospital-Administratoren, 3 Hospitalschreiber, 9 Aufseher, 9 Oberkrankenwärter, 46 Unterkrankenwärter und 6 Köche oder Köchinnen.

D. Bei 2 beweglichen (der Division jederzeit folgenden) Feldhospitälern (Ambulancen):

2 Stabsärzte, 4 Oberärzte, 8 Unterärzte, 2 Apothekenprovisoren, 2 Apotheken-Arbeiter, 2 Aufseher und 8 Krankenwärter.

E. Beim Feld-Kriegscommissariat:

1 Oberarzt und 2 Unterärzte.

Dieser Etat konnte insofern einer Vermehrung bedürfen, wenn es wahrscheinlich war, dass der Krieg in ganz südlichen oder nördlichen Ländern geführt werden würde; dann war der 8. Mann als krank vorauszusetzen und die Stärke obigen Personals musste mithin auf 1500 Kranke berechnet sein.

Die Aufseher, Ober- und Unterkrankenwärter wurden aus den in der Armee (§ 264 des Med.-Regl. v. J. 1841) zum Felddienste nicht mehr vollkommen fähigen Unteroffizieren und Gemeinen gewählt, oder es wurden bereits entlassene Militärs zu diesen Feldstellen angenommen. Fehlte es an etatsmässigen Krankenwärtern und konnte Mannschaft aus den Truppenabtheilungen zu diesem Dienste nicht befehligt werden (§ 266), was indess wo nur möglich, stets geschehen musste, so waren auch hierzu, auf Anordnung des Hospitaldirigenten, durch den Administrator Leute für Tagelohn anzurechnen.

Das bewegliche Hospital (Ambulance) hatte den Zweck, den Verwundeten etc. gemeinschaftlich mit den Aerzten der Regimenter etc. (§ 293 u. ff. des Med.-Regl. v. J. 1841) die erste ärztliche und wundärztliche Hilfe und Abwartung zu verschaffen, bis die Umstände erlaubten, sie an die nächsten stehenden Hospitäler abzugeben. War ein Zusammentreffen mit dem Feinde vorauszusehen, so sollten ausser den etatsmässigen Krankenwärtern womöglich noch andere zu kommandirende Soldaten mit einigen Wagen zur Hilfsleistung der Verwundeten in die beweglichen Hospitäler verwiesen werden. War das Zurückschaffen der Verwundeten nicht sogleich möglich, so musste sich der Oberstabsarzt einen Ort, wo die Verwundeten eine Zeit lang mit Sicherheit untergebracht werden konnten, anweisen lassen, um sofort ein *Interims-Hospital* zu errichten. Somit vereinigten die beweglichen Feldspitäler die Aufgaben der heutigen Sanitäts-Detachements und Feldlazarethe in sich.

Im Geiste des Genfer Vertrags spricht das Reglement v. J. 1841, wenn es in § 334 festsetzt: „Kranke von andern zu dem 9. Korps gehörigen Kontingenten sind unbedingt im Hospitale aufzunehmen und gleich denen der eigenen Truppen zu behandeln. Es sind aber auch Militärpersonen befreundeter Truppen überhaupt, sowie *feindliche Gefangene*, wenn die Kranken der eigenen Truppen dadurch nicht im Raume beschränkt, oder in ihrer Verpflegung und Abwartung beeinträchtigt werden, aufzunehmen."

Die Direction jedes Feldhospitals stand unter dem Kommandanten (einem Hauptmann oder Subalternoffizier), dem Dirigenten (einem Stabsarzt) und dem Administrator. Die nächsthöhere Instanz war für dieselben der Intendant der Division und für den Arzt zugleich der Oberstabsarzt der Division. Sehr beachtenswerth für die Lazareth-Ordnung ist es, dass nicht nur der Kommandant die Strafgewalt eines Kompagnie-Kommandanten, sondern auch die Aerzte ein gewisses Disciplinarrecht gegenüber den Kranken im Felde besassen. Es heisst in § 563 u. ff. des Med.-Regl. v. J. 1841: „In jedem stehenden Hospitale soll eine Strafstube eingerichtet werden. In diese werden Kranke leichter Vergehen wegen gebracht, erhalten eine geringere Verpflegung und dürfen nicht ausgehen. Es versteht sich, dass auch diese Art der Bestrafung nur bei solchen Kranken, oder zu einer solchen Zeit angewendet werden kann, wo es die Gesundheitsumstände des Mannes gestatten. Desshalb kann auch die Strafe nur von dem Arzte oder mit Vorwissen desselben angeordnet werden." „Ausser dem Kommandanten darf Niemand eine körperliche Strafe anordnen. Hingegen können bei Vergehungen widerspenstiger Kranker, Arretirungen durch die ordinirenden Aerzte und ersten Oekonomie-Beamten verfügt, müssen aber sogleich dem Hospital-Kommandanten angezeigt werden. Bestrafungen der Kranken durch die Diät, wo sie anwendbar sind, und wodurch oft allein ungehöriges Betragen der Kranken beseitigt werden kann, ist bloss Sache des ordinirenden Arztes".

Ergänzung und wissenschaftliche Erziehung des Sanitäts-Personals in der 1. Hälfte des 19. Jahrhunderts.*)

Die verheerenden Schlachten und Seuchen im Anfange des 19. Jahrhunderts hatten das ärztliche Personal überhaupt so sehr vermindert, dass zahlreiche Bezirke Sachsens während des Fortwüthens der Seuchen ohne ärztliche Hilfe waren und Nothschreie an die Regierung richteten. Die letztere wandte sich an die medicinische Facultät zu Leipzig um Aushilfe; die Facultät erklärte jedoch, dass sie der Aufforderung nicht willfahren könne, da ihre noch übrigen älteren Schüler bereits beschäftigt und die jüngeren in das Heer eingereiht seien. Man richtete nun einstweilen bei der Universität eine Gelegenheit zur Ausbildung von Wundärzten ein, obschon man sich an massgebender Stelle mit dem Gedanken trug, das Collegium medico-chirurgicum, welches 1813 eingegangen, in anderer und vollkommenerer Verfassung wieder ins Leben zu rufen.

In letzterem Sinne wurde auf Vorschlag des damals in Dresden als russischer Pensionar lebenden und zum Medicinalreferenten bestellten Staatsraths Dr. Weinlig dessen Freund, der Professor Seiler (1779—1843 [1]) zu Wittenberg, am 21. März 1814 aufgefordert, sich nach Dresden zu begeben, um einen Plan zur Wiederherstellung und Verbesserung einer medicinisch-chirurgischen Lehranstalt, vorzüglich zur Bildung von Wundärzten für das Militär, zu entwerfen. Dieser Plan fand die Zustimmung der Regierung, doch so, dass die letztere, welche damals stellvertretende preussische war, endgiltige Entschliessung beanstandete und am 3. December 1814 nur die interimistische Einrichtung einer chirurgisch-medicinischen Lehranstalt genehmigte. Als Director und Lehrer der Anatomie und Physiologie dieser aus den Mitteln des früheren Collegiums hervorgegangenen Anstalt wurde Professor Dr. Seiler angestellt, und neben demselben wurden zu Professoren die Dr. Dr. Raschig (1766—1827), Ohle (1760—1834), Carus (1779—1868), Franke, Weinhold (1782—1829) [2], Ficinus und M. Haan ernannt. Den 5. December 1814 wurden die Vorlesungen, welche von 188 Studirenden besucht waren, von Neuem begonnen; das chirurgische Spital aber konnte wegen Raummangel nicht eröffnet werden.

---

*) Fortsetzung zu Seite 42.

1) Lebensbeschreibung Seiler's in „Nachrichten über das Leben und Wirken Seiler's". Dresden 1844. gr. 4°. 24 S.

2) Vgl. Anmerkung zu Seite 41.

Endlich machte diesen halben Zuständen ein königliches Dekret vom 17. October 1815 das erwünschte Ende, indem mit diesem Beschlusse die

„chirurgisch-medicinische Akademie[1]"

zum Zwecke der Ausbildung „guter Wundärzte und Aerzte für das Heer und das platte Land" gestiftet, und dieser neuen Anstalt der 1728—1729 vom Landbaumeister Knöfel erbaute und im Jahre 1797 aus dem Nachlasse des Herzogs von Curland für 40000 Thaler zu Militärzwecken erkaufte Palast zum Gebrauche überlassen wurde. Bereits am 4. November 1815 begannen die Vorträge und Uebungen in der Anatomie; am 1. Januar 1816 fing das stehende chirurgische Klinikum an, Kranke aufzunehmen; im Juni 1816 wurde das Klinikum der innern Heilkunde, und im August 1816 das Poliklinikum für innere Kranke eröffnet. Ferner wurden im Jahre 1816 die baulichen Arbeiten vollendet und alle Sammlungen bis Ende Juli 1816 im neuen Gebäude untergebracht, so dass am 3. August 1816 die Stiftung der Akademie feierlich begangen werden konnte. Der Lehrcursus dauerte bis zur chirurgischen Prüfung 3, seit 1849 bis zur medicinischen Prüfung 4 Jahre; innerhalb wurden Halbjahrsprüfungen abgehalten, um Unbrauchbare rechtzeitig entlassen zu können (Mandat von 1819).

Da die Akademie von Haus aus vorzugsweise als Pflanzschule für Militärärzte angesehen wurde, so wurden auch von Anfang an sechs (später acht) sogenannte Stipendiaten- und sechs Oberwundarztstellen errichtet. Die ersteren wurden mit Studirenden, welche sich dem militärärztlichen Stande widmen wollten, besetzt, die letzteren wurden für bereits im Dienst stehende Kompagniechirurgen bestimmt. Die Verpflichtung der Stipendiaten zum Militärdienste war eine neun- oder sechsjährige, je nachdem sie bei der Gestellung tüchtig oder untüchtig befunden (K. M. V. v. 27/2. 1851), und wurde ihnen während der Studienzeit eine monatliche Geldunterstützung von sechs Thalern (später acht Thalern) gewährt. Das Gehalt der Oberwundärzte betrug anfänglich bei freiem Quartier 13 Thaler, wurde aber zwei Jahrzehnte später, als man ihre Zahl auf fünf reducirte, auf monatlich 16 Thaler erhöht. Die Oberwundärzte waren, insofern sie ihrer eigenen Ausbildung wegen hier waren, Studirende; andrerseits wurden sie aber auch, unter sich abwechselnd, als Assistenten den

---

[1] Vgl. im „Feldarzt" vom J. 1877 Nr. 13 und 14 Verfassers Arbeit. — Die Geschichte des Palastes des Herzogs v. Curland vgl. im Jahresbericht der Gesellschaft für Natur- und Heilkunde. Dresden 1885 S. 3 u. 4.

klinischen Lehrern beigegeben, in welcher Eigenschaft sie denn auch als Subdirectoren der klinischen und poliklinischen Anstalten zu betrachten waren. Aus ihnen gingen die Bataillons- und Regimentsärzte hervor. Bei vorkommenden Vacanzen unter den Stipendiaten und Oberwundärzten wurde ein Concurs ausgeschrieben; derjenige, welcher in der vor dem Senate der chirurgisch-medicinischen Akademie abgelegten Prüfung am besten bestand, sollte in die vacante Stelle aufrücken. Endlich wurde der an der Reihe zum Kompagniechirurg stehende Stipendiat, ebenso wie der an der Reihe zum Bataillonschirurg stehende Oberwundarzt, von derselben Behörde noch einmal geprüft, ehe er zur Armee abgehen konnte. Von dem Erfolge dieser Prüfung hing es ab, ob ersterer die Erlaubniss zur gleichzeitigen Ausübung der wundärztlichen *Civil*praxis erhielt, und ob der Bataillonschirurg vor seiner Weiterbeförderung sich keiner Prüfung mehr zu unterwerfen hatte. Im günstigen Falle trat letzterer sofort in das Recht der promovirten Aerzte, d. h. in das der Ausübung der medicinischen und chirurgischen Praxis im Umfange des ganzen Landes; im weniger günstigen Falle galt im Civilleben der Bataillonschirurg zweiter Klasse nur als Medicinae Practicus (Gesetz vom Jahre 1819).

Der Kompagnie-Chirurg[1], welcher einige Jahre gedient hatte, ging auf zwei Jahre an die Akademie zurück. Vor seinem Wiedereintritt in die Armee wurde er gewöhnlich Medicinae Practicus und nahm nach abgelaufener Dienstzeit in der Regel den Abschied.

Die Mittheilungen über das fernere Schicksal der Akademie sind niedergelegt in der „Nachricht über die Wirksamkeit der chirurgisch-medicinischen Akademie zu Dresden, während des ersten Jahrzehntes nach ihrer Erweiterung, von Dr. Burkhard Wilhelm Seiler, k. Hof- und Medicinalrathe, Dresden 1828;" ferner in der „Zweiten Nachricht von Dr. Seiler Dresden 1834;" in der „Dritten Nachricht von Dr. Choulant, Dresden 1845;" und endlich in der „Vierten Nachricht von Choulant, Dresden 1858." Den Einblick in die letzten Lebensjahre der Anstalt habe ich mir durch Kenntnissnahme des akademischen Archivs und der Gesetzsammlung verschafft.

Das was die Akademie im Laufe der ganzen Zeit ihres Bestehens

---

[1] Am 2. December 1824 erging seitens der obersten Militärbehörde an die Kompagniechirurgen die Bekanntmachung: dass derjenige von ihnen, der auf eine Anstellung als Oberwundarzt bei der chirurgisch-medicinischen Akademie Anspruch machen wolle, weder vorher noch während der Dauer seiner etwaigen Anstellung ad doctorem promoviren dürfe.

geleistet hat, ist am meisten ersichtlich aus dem Besuche der Akademie seitens Studirender und seitens Kranker; und ich schliesse desshalb hierfür untenstehende Tabelle bei, wenngleich dieselbe — den eben genannten verschiedenen Unterlagen entlehnt — weder auf innere Gleichartigkeit noch auch auf völlige Genauigkeit der einstigen amtlichen Berichterstatter Anspruch erheben darf.

Man ersieht aus dieser Tabelle, dass die Zahl der Studirenden, die nach Mandat von 1819 nicht mehr Barbiere sein mussten, stetig abgenommen hat. Am fühlbarsten wurde dies, als mit der Verordnung vom 12. August 1847 der Besitz einer Barbier- und Badestube nicht mehr an die chirurgische Befähigung des Besitzers geknüpft wurde, und somit für die Barbier-Gesellen kein Anlass mehr gegeben war, sich das Meisterrecht auf medicinischem Wege zu erwerben; — und ferner: als die Vorprüfungen verschärft wurden. In letzterer Beziehung ist es wissenswerth, dass nach der vorbezeichneten „Nachricht" vom Jahre 1858 die Gymnasialbildung eines Obersecundaners

Jahr	Zugang an Studirenden und zwar			Zugang an Kranken im			Bemerkungen
	Studir. vom Milit. (Kompagnie-Chirurgen)	Studirende der Medicin vom Civil	Summe nach spät. Nachrichten	Clinicum therapeut. fixum	Policlinicum therapeut.	Clinicum chirurgicum	
				vom 4. Juni an	vom August an		
1816	19	134	162	52	67	302	
1817	14	73	81	69	215	429	
1818	8	46	47	36	214	229	
1819	14	46	65	63	173	347	
1820	7	64	65	44	133	308	
1821	9	45	53	60	116	344	
1822	8	41	52	69	138	380	
		Studirende der Medicin, Pharmaceuten, Künstler etc.					Pharmaceuten etc. der Besuch von jetzt an unter gewissen Beding. gestattet.
1823	8	59	64	66	214	404	
1824	6	65	53	94	320	337	
1825	5	47	51	104	198	353	
1826	68		68	118	206	330	
1827	82		82	77	231	349	
1828	78		78	146	322	317	
1829	77		77	137	394	327	
1830	95		95	201	287	327	
1831	92		92	184	383	265 [1]	
1832	119		119	185	497 [2]	374 [3]	
1833	75		75	234	555	442	

[1] Nach späteren Nachrichten 261.
[2] An anderer Stelle 488.
[3] An anderer Stelle 388.

Militär-Sanitätsunterricht.

Jahr	Zugang an Studirenden und zwar		Summe nach späteren Nachrichten	Zugang an Kranken im						
				Clinic. therap. fixum		Policliniuum therapeuticum	Clinicum chirurgicum			Policlinieum chirurgicum
				Aufgenommene Kranke	Ambulator. behandelte Kranke		Aufgenommene Kranke	Ambulator. behandelte Kranke	Vorgestellte Kranke	
1834	63		63	136	27	500	149	174	669	61
1835	77		77	184	21	425	133	175	716	63
1836	76		76	171	24	394	174	233	788	45
1837	67		67	157	16	309	163	278	639	48
1838	46		46	153	47	362	136	202	863	46
1839	67		67	192	26	407	174	234	1123	64
1840	56		56	205	29	432	187	299	875	46
1841	46		46	208	32	368	174	208	900	42
1842	59		59	206	30	385	169	181	1220	83
1843	66		66	218	28	264	187	196	1195	39
	Studir. der Medic. von Militär und Civil	Pharmaceuten, Künstler etc.		Innere Klinik		Innere Poliklinik	Chirurgische Klinik			Chirurg. Poliklinik
1844	24	30	54	191	29	253	192	163	1255	49
1845	26	27	53	188	44	284	159	241	1754	57
1846	20	17	37	171	34	342	173	299	1816	68
1847	18	20	38	171	23	308	168	316	1747	73
1848	20	27	47	206	9	440	148	373	1522	83
1849	26	22	48	181	9	334	173	257	1625	62
1850	12	24	36	166	1	333	118	163	1651	53
1851	11	23	34	160	.	410	147	215	1774	57
1852	14	20	34	183	4	416	142	165	1669	41
1853	17	10	27	235	1	380	139	246	1759	50
1854	13	17	30	224	2	296	147	253	1814	69
1855	12	18	30	216	.	391	155	246	1352	78
1856	17	24	41	293	.	473	152	210	1391	50
1857	18	25	43	262	.	408	141	156	1354	52
	Kompagnie-Aerzte	Studirende der Medicin								
1858	.	21	6	27						
1859	1	14	4	19						
1860	1	14	5	20						
1861	.	5	2	7						
1862	.	2¹)	.	2						

Nach einer Verordnung vom 7. September 1861 durften weiterhin Aufnahmen bei der Akademie zum Zwecke des medicinischen Studiums nicht mehr stattfinden; nur Künstlern, Pharmaceuten etc. blieb der Besuch einzelner noch vertretener Unterrichtsfächer gestattet. Die klinischen Anstalten wurden am 30. September 1864 geschlossen.

zur Vorbedingung für die Aufnahme in die Akademie gemacht wurde, während nach dem Mandate vom 30. Januar 1819 die Vorprüfungen der mindestens 16 jährigen Leute sich immer nur auf die Fertigkeit bezogen hatten, einen fehlerfreien deutschen Aufsatz schreiben und einen leichten lateinischen Schriftsteller lesen zu können.

---

1) Ausnahmsweise gewesene Universitäts-Studirende höherer Semester.

Die beiden klinischen Anstalten waren auf je 20 Betten eingerichtet, die innere konnte dringlichen Falles auf 24 Betten erweitert werden. Im Jahre 1820 wurde hinter dem Akademiegebäude an der Stelle demolirter Festungswerke ein botanischer Garten errichtet, welcher schon 1825 7800 Pflanzenspecies, 1828 aber 10200 und 1834 deren 20000 aufwies.

Die anatomische Sammlung, von welcher seit der französischen Besatzung nur noch 449 brauchbare Präparate übrig geblieben waren, wurde mit Hilfe der Prosectoren Pech (nachmaligen Professors der Chirurgie) und Meding bis zum Jahre 1825 auf 2357 Stück vermehrt, 1834 war sie auf 3011, 1858 auf 4590 Präparate angewachsen, zu welchen ausserdem 1300 Schädel, 62 Wachspräparate, Gypsabgüsse und Todtenmasken hinzutraten.

Die Bibliothek, welche die Akademie von dem 1824 aufgehobenen Sanitäts-Collegium ererbt hatte, zählte 1834: 5800 Werke, im Jahre 1845: 6981, 1858: 8764 und ist gegenwärtig Eigenthum des königlich sächsischen Landes-Medicinal-Collegiums.

Das vorgenannte Sanitäts-Collegium, welches im Jahre 1768 errichtet worden war, hatte die Aufgabe, Medicinalpersonen zu prüfen und auf Erfordern der Regierung Gutachten abzugeben. Mit Auflösung dieses Collegiums im Jahre 1824 gingen seine Pflichten auf die Professoren der Akademie über, so dass sich von nun an auswärts promovirte Aerzte, Aerzte II. Kl. und Wundärzte (auch Geburtshelfer, Apotheker und Hebammen) den entsprechenden Prüfungen an der Akademie zu unterwerfen Gelegenheit hatten. Auch trat an Stelle des 3-jährigen vom 1. September 1849 ab ein 4-jähriger Lehrkurs bei der Akademie.

Um den auf der Akademie gebildeten weiterhin bewährten Militär-Oberärzten auch die Universitätsbildung zugängig zu machen, einigten sich die betheiligten Ministerien 1857 dahin, dass diejenigen Oberärzte zum Examen rigorosum und zur Promotion zuzulassen waren, welche die assistenzärztliche Prüfung wenigstens mit der 2. Censur bestanden hatten und hierauf noch ein Jahr lang an der Akademie oder im Dresdner Militär-Hospital oder im Dresdner Krankenhause beschäftigt gewesen, auch das Gymnasial-Reifezeugniss aufweisen konnten.

Konnte man die Zahl der an der Akademie wirkenden Lehrer — es gab nur 8 Professoren und einen Prosector — als unzureichend erachten, so konnte Niemand diesen Tadel auf das geistige Gewicht dieser Männer übertragen. Im März 1820 wurde der weltberühmte (im März 1879 verstorbene) Botaniker Reichenbach als Professor der Naturgeschichte bei der Akademie angestellt. 1822 trat der nicht minder bekannte Choulant[1]) in die Reihe der Professoren ein und übernahm 1843 an Stelle des am 1. Mai 1843 in den Ruhestand getretenen (am 27. September 1843 verstorbenen) Seiler die Direction der Akademie, um sie bis an sein Lebensende den 18. Juli 1861 zu behalten. 1823 wurde Leibarzt Dr. Francke für den Leibarzt Dr. Kreysig (1770—1839) als Professor angestellt. Ferner traten nach Abgang des am 1. April 1837 zum Leibarzte ernannten Dr. v. Ammon[2]) und des am 1. Juli 1845 emeritirten Dr. Haase (1788—1865) der Professor H. E. Richter (1808—1876) am 6. September 1837, der Regimentsarzt Dr. Günther (1806—1871), welcher nachmals — 1850 — zum Generalstabsarzt ernannt wurde, am 15. September 1843 und Dr. Grenser (1812—1872) am 1. August 1845 ein. Endlich wurde der am 1. September 1852 quiescirte (am 16. Februar 1857 verstorbene) Professor Ficinus, sowie der am 1. October 1852 in Wartegeld gesetzte Professor Richter durch die Professoren Dr. Merbach (jetzt Mitglied des Königlich Sächsischen Landes-Medicinal-Collegiums) am 1. September 1852, und Dr. Zenker (jetzigen Professor der Pathotomie in Erlangen) am 1. October 1855 ersetzt.

Das ist das Hauptsächliche, was ich über die Schicksale der chirurgisch-medicinischen Akademie in Erfahrung gebracht habe, und sei hier nur noch weniges über das Ende dieser Anstalt hinzugefügt. Wenn mich meine Anschauung nicht täuscht, so lag die Ursache ihres Unterganges in ihrem Zwecke. In der Thatsache, dass diese Akademie nicht bloss Wundärzte (wie das ehemalige Collegium), sondern auch innere Aerzte ausbildete, lag eine höchst beachtenswerthe Erweiterung der akademischen Ziele und ein Versuch, mit den Leistungen der Universität zu concurriren. Am Ende der zwanziger Jahre gelangte die in gewissen Kreisen sicher schon längst genährte Abneigung gegen die Akademie mit ihren akademisch nur halb vorbereiteten Zuhörern zum öffentlichen Ausdrucke.

Zu dieser Zeit erhob man in gelehrten und politischen Blättern Beschuldigungen gegen die Akademie, welche sich darin zuspitzten, dass man dieser Anstalt eine fernere Existenz-Berechtigung absprach. Man begründete diese Vorwürfe, als deren Urheber man in Dresden

---

1) Choulant (1791—1861) stammte von französischen Eltern. Sein Vater verliess Paris kurz nach der Erstürmung der Bastille 1789 und verheirathete sich in Dresden Ende des 18. Jahrhunderts.

2) v. Ammon war geb. d. 10. Sept. 1799, wurde d. 8. Nov. 1828 Professor an der Akademie und starb d. 18. Mai 1861.

die medicinische Facultät zu Leipzig anzusehen schien, mit den Behauptungen, dass die Akademie zu grosse Kosten verursache, die Universität Leipzig beeinträchtige und nur Pfuscher und Halbwisser erziehe. Gegen diese Angriffe zog im Namen der Akademie Choulant mittels einer Denkschrift „Nähere Erörterungen der Verhältnisse der chirurgisch-medicinischen Akademie in Dresden zu dem Medicinalwesen des Königreichs Sachsen (Dresden 1831)" zu Felde, und suchte die Gegner der Akademie mit seiner ihm eigenen scharfsinnigen Weise zum Schweigen zu bringen. Hierauf erschien eine Entgegnung der medicinischen Facultät zu Leipzig „Ueber die Bedürfnisse und Mittel der Universität Leipzig mit vorzüglicher Berücksichtigung des medicinischen Lehrfaches. Leipzig 1833". Kaum war dieselbe veröffentlicht, so trat Choulant im Juli 1833 mit einer „Zweiten Erörterung der Verhältnisse der chirurgisch-medicinischen Akademie, Dresden" hervor, worauf schliesslich eine kurze nur auf Kostenaufwand Rücksicht nehmende „Erklärung der medicinischen Facultät zu Leipzig" dem öffentlichen Zweikampfe ein Ziel setzte.

Der Samen, welchen die streitenden Anstalten vor dem Forum der Oeffentlichkeit ausgestreut hatten, ging auf. Es zeigte sich aber bald, dass, so gewandt auch der Dresdner Säemann verfahren war, so geistreich und bestechlich er auch die wenigen Schwächen der Universität und die anscheinenden Vorzüge der Akademie gegenüberzustellen verstanden hatte, doch endlich der innere Gehalt des jenseits Gesäeten den Ausschlag gab. Dazu kam in den folgenden Jahren die Abklärung der öffentlichen Meinung. Mit ihr wuchs die allgemeine Parteinahme für die altehrwürdige, die einheitliche Vollwissenschaft vertretende Universität Leipzig, und erblich das Interesse der wissenschaftlichen Welt für eine Zwitter-Anstalt, welche — doch nur ein Angstkind der Kriege — die Wissenschaft in geistig Unmündige pfropfte und damit dem ärztlichen Stande unheilvolle Rang-Abstufungen aufdrängte, von welchen die in sich untrennbare Wissenschaft nichts wusste und nichts wissen wollte.

Die für die Geschichte des sächsischen Sanitätswesens ewig denkwürdige Verordnung vom 7. September 1861 machte dem ein Ende. Sie verbot die fernere Aufnahme von Medicin-Studirenden in die Dresdner Akademie und von Chirurgie-Studirenden in die Universität Leipzig, so dass von nun an die Beibringung eines Reifezeugnisses das unbedingte Erforderniss für die Ergreifung des medicinischen Studiums blieb.

Darf ich schliesslich mein Urtheil über die Bedeutung des einstigen sächsischen Collegium medico-chirurgicum und der chirurgisch-medicinischen Akademie kurz zusammenfassen, so muss ich vor allem bestreiten, dass das Bedürfniss besondere Wundärzte zu besitzen, ursprünglich mit der Gründung des Collegium in zweckmässiger Weise gedeckt worden sei. Mochte auch der unmittelbare Anblick unsäglicher Kriegsnoth den Wunsch erregen, ein zahlreiches Aerzte-Personal zu besitzen, und mochte man sich auch scheuen gelernt haben, das kostbare Heer den damaligen Vertretern der Wundheilkunde, den hausirenden Quacksalbern und umherziehenden Bluträubern und Bein- und Steinschneidern anzuvertrauen, und musste man sich vielmehr nach prüflich und praktisch erprobten Wundärzten sehnen, so enthielt doch alles dies keine zwingende Veranlassung zur Errichtung einer besonderen wundärztlichen Anstalt in Dresden — so lange es Landes-Universitäten gab. Vielmehr lag es auf der Hand, dass auch blosse Wundärzte eine für den Staat billigere und für den Beruf ergiebigere Erziehung am Sitze der Universität genossen haben würden, und dass deren genug für das Heer gewonnen worden wären, wenn sich der Staat entschloss, höhere Leistungen der Person mit höheren Gegenleistungen einzutauschen.

Es wäre demnach der Beweggrund zur Gründung der Dresdner Anstalt völlig unverständlich, wenn man nicht vermuthen dürfte, dass doch wohl am Sitze der Staatsregierung sich keine Neigung dafür vorfand, den Wirkungskreis der freien Universität zu erweitern und deren Einfluss zu vergrössern, und dass vielleicht das Kriegsministerium ein wachsames Auge über die kommenden Mitglieder des Heeres behalten und die grosse Garnison Dresden, sowie das Beispiel älterer, tüchtiger, als Lehrkräfte verwendbarer Militärärzte zu Erziehungsmitteln mitverwenden wollte.

In der That erhielt sie sich nur, wenn ich ihre Geschichte recht verstehe, einestheils durch die geringen Anforderungen an ihre Schüler und andererseits durch die an letztere ertheilten Staats-Privilegien, unter welchen letzteren der Besitz einer Bade- und Barbierstube als ein Vorrecht der Wundärzte, und die Gestattung des medicinischen Studiums und der inneren Praxis eine nicht geringe Stelle einnahmen.

Stellung des Sanitäts-Personals
in der 1. Hälfte des 19. Jahrhunderts.*)

Mit den höheren Zielen, welche das Kriegswesen des 19. Jahrhunderts sich setzte, wuchsen auch die Aufgaben des Militär-Sanitäts-

---

*) Fortsetzung zu Seite 47.

Personals. Dass denselben der wissenschaftlich Halbgebildete nicht mehr gewachsen war, war den militärischen Machthabern nicht mehr zweifelhaft. Auch das bürgerliche Leben wurde in der Wende des Jahrhunderts so sehr in Mitleidenschaft der Kriege gezogen, dass hier die Ueberzeugung Platz griff: man bedürfe eines Sanitäts-Personals, welchem man mit mehr Vertrauen als bisher das kostbarste Gut des Lebens, die Gesundheit, anvertrauen könne. Die segensreiche Frucht dieser allgemeinen Ueberzeugung war die Verordnung vom 13. März 1802, mit welchem die Chirurgie von allem Innungszwange befreit und nur wissenschaftlich gebildeten und hinlänglich geschickt befundenen Personen überwiesen wurde.

Im sächsischen Militär lag die Sanitätsdienstleistung am Anfange des Jahrhunderts glücklicherweise in kräftiger Hand — in der des Generalstabsmedicus Raschig (1766—1821, nach Biogr. Lexic.-1827). Ihm folgte Schön (1774—1828), ein wahrer Reformator für die sächsische Heeres-Sanitäts-Verfassung. Dann übernahm Sahlfelder die Leitung (geboren 28. October 1782 zu Essingen bei Aalen in Würtemberg, den 7. April 1809 als Unterwundarzt[1]) eines Feldhospitals eingetreten, am 24. Januar 1850 pensionirt und 21. April 1860 gestorben). Auf ihn folgte am 24. Januar 1850 der Generalstabsarzt Günther, dessen Leben ich in der „Allgemeinen deutschen Biographie" bereits skizzirt habe. Noch vor seinem Tode 1871 folgte ihm am 2. April 1870 der königlich preussische Oberstabsarzt Dr. Roth als „Generalarzt" im Amte.

Als Ausdrücke der Stellung haben ferner die sich in Gehältern, Bekleidung etc. aussprechenden Aeusserlichkeiten, wie die folgenden, zu gelten:

An Gehältern bezog 1805 der Stabschirurg 30 Thaler, der Oberchirurg 15 und der Unterchirurg 8 Thaler. In demselben Jahre wurde die Uniform aller dunkelblau mit gleichfarbigem Sammetkragen und Aufschlägen und einreihigen Knöpfen; der Stabschirurg bekam eine goldene Stickerei auf den Kragen und die Aufschläge, und goldene von den Knopflöchern auslaufende Brustlitzen; der Oberchirurg erhielt zwei goldene Litzen auf den Kragen und, wie ersterer, Cordons und Portepee von Gold; die Uniform der Unterchirurgen blieb ohne allen Schmuck.

Im Jahre 1806 finden wir, was die Zahl und Eintheilung des

---

[1] Promovirt ist Sahlfelder erst 1825, wobei er die Dissertation „De artuum amputatione eaque inprimis in ipso proelii campo instituenda meletemata quaedam". Lipsiae 1825. 4°, II—II—52 Seiten, verfasste.

Sanitäts-Personals anlangt, folgende Angaben:[1]) Bei einem Feld-Infanterie-Regiment (1754 Mann stark), deren es 12 gab, waren eingetheilt beim Stabe 1 Regiments-Feldscher zwischen Auditeur und Fahnjunker, und 1 Stabs-Feldscher zwischen Fahnjunker und Profos, ausserdem bei den 10 Kompagnien des Regiments 10 Feldschere zwischen Fourier und Korporal. Bei einem Kavallerie-Regimente, deren es 9 mit zusammen 6631 Mann gab, befanden sich, und zwar beim Stabe 1 Regiments-Feldscher (beim Garde-du-Corps Ober-Feldscher genannt) und 1 Stabs-Feldscher, und bei den 8 Escadrons jedes Regiments 8 Feldschere. Beim Feld-Artillerie-Korps (2058 Mann) standen 1 Ober- und 1 Stabs-Feldscher beim Stabe und 14 Feldschere bei den Kompagnien und Batterien.

Noch in demselben Jahre sah man die Feldschere als solche für immer aus dem sächsischen Heere scheiden; denn auch die Regimenter hatten nunmehr Kompagnie-Chirurgen, während die Stabs-Feldschere der Regimenter gänzlich in Wegfall kamen, ohne durch Chirurgen ersetzt zu werden. Diese Kompagnie-Chirurgen standen mit den Hospital-Chirurgen auf einer Stufe, und aus ihnen gingen die Ober-, Stabs- und endlich Regiments-Chirurgen hervor, als welche letztere der Oberst jetzt diejenigen annahm, die ihm vom Generalstabsmedicus empfohlen wurden, während jener früher unter drei ihm Vorgeschlagenen wählen konnte. Der (nach wiederholten Prüfungen) zum Regiments-Chirurg Beförderte erhielt das goldene Portepee und das Hutcordon. Es galt übrigens vom genannten Jahre ab als eine besondere Vergünstigung für das chirurgische Personal der Regimenter, dass dasselbe ausser bei Paraden hellblaue Oberröcke mit Kragen und Aufschlägen von der Regimentsfarbe tragen durfte.

Das an Heeresreformen reiche Jahr 1810 ging auch an dem Sanitäts-Personal nicht ohne Einwirkung vorüber, indem dasselbe beträchtlich vermindert wurde. Der Stand dieses Personals war nun folgender:[2]) bei einem Kavallerie-Regimente befanden sich 1 Regiments-Chirurgus, 1 Hospital-Chirurgus und 4 Chirurgen bei 8 Kompagnien, bei der Infanterie standen und zwar beim Regiment Leibgrenadiergarde 1 Ober-Regiments-Chirurgus, 1 Stabs-Chirurgus und bei 8 Kompagnien 4 Chirurgen, bei einem Linien-Infanterie-Regimente zu 10 Kompagnien ausser den erstgenannten oberen Chirurgen 5 Chirurgen, bei einem leichten Infanterie-Regimente 1 Regiments-Chirurgus, 1 Bataillons-Chirurgus und bei 8 Kompagnien 4 Chirurgen,

---

1) Vgl. v. Montbé „Die Chursächsischen Truppen im Feldzuge 1806". 2 Bände. Dresden 1860.

2) Vgl. Schuster's und Francke's cit. Geschichte. II. S. 306 ff.

beim Jäger-Korps 1 Chirurg, beim Soldatenknaben-Institut zu Annaburg 1 Medicus und 1 Chirurgus, beim Artillerie-Regiment zu Fuss 1 Ober-Regiments-Chirurg und 6 Unter-Chirurgen und bei der Brigade reitender Artillerie zu 2 Kompagnien 2 Chirurgen.

Diese Verminderung scheint keineswegs allseitigen Anklang bei den Offizieren gefunden zu haben; wenigstens lese ich dies in der „Geschichte der königlichen sächsischen leichten Infanterie etc. von Graf v. Holtzendorff. Leipzig 1860" Seite 327 aus einer Anmerkung des Verfassers heraus, welche lautet: „Die geringe Anzahl von Aerzten war ein Nachtheil für das Wohl der Truppe, welcher sich im Feldzuge 1812 klar herausstellte."

Das Tractament der Regiments-Chirurgen wurde bis auf 33 Thaler 8 Ggr. erhöht, das der Bataillons-Chirurgen auf 15 und das der Kompagnie-Chirurgen auf 8 Thaler festgestellt. Statt der ihnen zeither in natura gereichten Uniformstücke erhielten letztere ein sogenanntes Montirungsgeld und nebenbei wie früher eine gewöhnliche Brodportion. Das Medicingeld bestand für den Regiments-Chirurg noch fort; insofern aber bei den jetzt selbständig gewordenen Grenadier-Bataillonen der betreffende Bataillons-Chirurg dasselbe auch empfing und sich sonach besser als jener bei einem Infanterie-Regimente stand, bildeten sich unter letzteren ganz von selbst zwei Klassen. Für den Fall eines etwa neu ausbrechenden Krieges blieb ein Feldmedicus angestellt; in dem bald darauf wirklich ausgebrochenen Kriege aber wurden für den Hospitaldienst Stabs-Chirurgen, Ober-Chirurgen und Unter-Chirurgen angestellt, letztere (um sie den ausser ihrem Gehalte noch Beimontur und Brodgeld erhaltenden Kompagnie-Chirurgen gleichzustellen) mit 10 Thaler monatlichen Gehalts. Die Uniform des gesammten Personals war hellblau mit gleichfarbigem Kragen und Aufschlage und einer Reihe weisser Knöpfe. Der Kragen des Regiments-Chirurgen war mit zwei in Silber gestickten Eichenzweigen, der des Bataillons- und Stabs-Chirurgen mit Einem solchen dekorirt. Portepees und Hutcordons waren von Gold. Die Ober-Chirurgen hatten auf dem Kragen zwei, die Unter- und Kompagnie-Chirurgen nur eine silberne Bandlitze, wobei ihnen das Tragen von gelbseidenen Portepees und Cordons nachgelassen war.

Im Jahre 1814 wurde den Regiments- und bez. Bataillons-Chirurgen der berüchtigte Medicingroschen (vgl. Seite 18, 19) entzogen, welcher bei der Infanterie 1 Gr. 6 Pf., bei der Kavallerie und dem Train 2 Gr. betrug. Als Entschädigung erhielten nun die ersteren monatlich 66 Thaler 16 Gr. und die Bataillons-Chirurgen 1. Kl. 30 Thaler Gehalt.

Noch in demselben Jahre (1814) erhielt das chirurgische Personal wiederum eine veränderte Uniform, die sich bis in die vierziger Jahre gleichblieb: hellblau mit schwarzem Sammetkragen, ebensolchen Aufschlägen und zwei Reihen weisser Knöpfe. Als Gradabzeichen bekam der Regiments-Chirurg auf den Kragen drei, der Bataillons-Chirurg I. Kl. und der Stabs-Chirurg zwei, der Bataillons-Chirurg II. Kl. und der Ober-Chirurg eine in Silber gestickte Litze. Dabei traten die Regiments-, Stabs- und Bataillons-Chirurgen in den Offiziersrang ein, wenn man dies aus der Erlaubniss zur Anlegung des Offiziers-Portepees und zum Tragen der Offizier-Hutcordons, sowie aus dem ihnen von jetzt ab bewilligten Quartiergelde eines Subalternoffiziers schliessen darf.

Im folgenden Jahre, 1815, erfüllte sich ein längst gefühltes Dienstbedürfniss, indem am 27. November den Vorschlägen der Dr. Dr. Raschig und Schön gemäss ein Sanitätsdienst-Regulativ genehmigt wurde. Seines Umfangs wegen beschränke ich mich auf den Hinweis, dass es sich abgedruckt findet in der Zeitschrift für Natur- und Heilkunde 2. Band S. 118 u. ff. 3. Band S. 148 u. ff. und 421 u. ff.

Im Jahre 1816 fand wiederum eine Neu-Eintheilung des Heeres statt, und zählte nunmehr das zugehörige Sanitäts-Personal, damals noch den Namen „Chirurgen" führend, 8 Regiments-Chirurgen, 8 Bataillons-Chirurgen zweiter Klasse, 3 Bataillons-Chirurgen erster Klasse und 94 Kompagnie-Chirurgen, von denen 2 (der ältere der Gardeabtheilung und der bei den Sappeurs) den Titel eines Oberwundarztes führten. An der Spitze dieses gesammten Personals stand ein Generalstabs-Medicus, dessen Gehalt bis auf 800 Thaler erhöht worden war, dem aber, theils in Folge seiner Kränklichkeit, theils in Folge der durch die neue Medicinaleinrichtung vermehrten Dienstgeschäfte, 1816 ein Stabsmedicus mit gleichem Gehalt beigegeben wurde.

Die Uniform beider stimmte seit 1816 der Farbe nach mit der des übrigen ärztlichen Personals überein; auf dem mit einer silbergestickten Einfassung versehenen Kragen trug der Generalstabs-Medicus 2, der neue Stabsmedicus 1 in Silber gestickte Litze; Degengehenk und Hutcordons glichen demjenigen der Stabsoffiziere. Seit 1822 trug das ärztliche Personal durchgängig hellblaue Röcke mit schwarzem Kragen und Aufschlägen von Sammet, weissen Knöpfen, schwarzen Beinkleidern und dreieckigen Hüten.

Im Jahre 1818 zog der weitsehende Schön die Chirurgen aus dem Kompagnie-Verbande, setzte sie zum Regiments-Stabe, von wo aus sie der Regiments-Chirurg zur Dienstleistung in den Kompagnien verwendete, und vermittelte ihnen einen besseren Rang; im Jahre 1821 erhöhte er ihr Gehalt auf monatlich 10 Thaler und im Jahre 1822, unter Wegfall der zeitherigen Leibes- und Beimontur, auf 11 Thaler 8 Ggr.; in demselben Jahre erhöhte sich das Tractament der Bataillons-Chirurgen zweiter Klasse auf monatlich 20 Thaler, und bekam der Generalstabs-Medicus den Rang nach dem Oberstleutnant, der Stabsmedicus den nach dem Major, der Regiments-Chirurg den eines Capitains, und der Bataillons-Chirurg zweiter Klasse den eines Sous-Leutnants, womit sich auch das Quartiergeld, ihrem Range entsprechend, erhöhte.

Ueber die im Jahre 1831 giltige Etatzahl der Militärärzte berichtet der Professor Dr. Radius in Leipzig in der Literaturzeitung Nr. 91 des genannten Jahres, dass es gegeben hat: 1 Generalstabsmedicus, 9 Regiments-Chirurgen, 3 Bataillons-Chirurgen I. Klasse, 8 Bataillons-Chirurgen II. Klasse, 1 Oberarzt des Cadetten-Korps, 1 Unterarzt des Cadetten-Korps, 1 Garnisonarzt der Festung Königstein und 99 Kompagnie-Chirurgen, in Summa 123.

Das kurz nach der 1831 erfolgten Einsetzung eines Kriegs-Ministeriums herausgegebene und mit dem Jahre 1833 in Kraft getretene Dienst-Reglement entfernte die Chirurgen als solche aus dem Heere und schuf sie zu *Aerzten* um. Das gesammte ärztliche Personal bestand nun im Frieden aus 1 Generalstabsarzt und aus Regiments-, Bataillons- und Kompagnie-Aerzten; im Falle eines Krieges traten hinzu: 1 Oberstabsarzt (vorher Stabsmedicus), Stabsärzte, als Directoren der Spitäler und Ambulancen, Ober- und Unterärzte. Die Stabsärzte rangirten mit den Bataillonsärzten I. Klasse, die Oberärzte nach den Bataillonsärzten II. Klasse, die Unterärzte mit den Kompagnieärzten. Das neu hinzugekommene Personal trug dieselbe Uniform wie das in den Regimentern vertheilte, nur mit dem Unterschiede, dass die Oberärzte nicht das Offiziers-Portepee haben sollten, obschon ihnen nach dem Dienst-Reglement der Offiziers-Charakter zugesichert war.

Dasselbe Reglement gewährte endlich dem gesammten Personal die ihm nach seinem Range zukommenden militärischen Honneurs, Emolumente, Quartierbegünstigungen auf Märschen u. s. w., so dass nur noch wenige Schritte zu thun übrig blieben, um ihm eine völlige Gleichstellung mit den damaligen Combattanten zu sichern. Freilich schien man wenig geneigt zu sein, in gleichem Schritte den Dienstkreis der Aerzte zu erweitern; denn es trat z. B. für das Garnison-Spital Dresden vom 1. September 1832 an ein Kommandant (Nicht-Arzt) auf den Etat, nachdem schon mehrere

Jahre vorher kommandirte Offiziere für die Aufrechthaltung der Zucht unter den Kranken zu sorgen gehabt hatten.

Betreffs der Dienstleistung dieses Kommandanten bestimmt das Med.-Regl. v. 1841 (§ 206): „Derselbe bildet mit dem Dirigenten und dem Administrator des Hospitals die Direction desselben. Alles, was unmittelbar zu den Obliegenheiten dieser beiden Beamten gehört, liegt ausser seinem Wirkungskreise. Zu diesem dagegen gehört alles dasjenige, was auf Erhaltung der Disciplin und Ordnung im Hospitale Bezug hat. Er hat die Strafgewalt eines Kompagnie-Kommandanten und steht unter den unmittelbaren Befehlen des Kriegs-Ministeriums. In rein militärischen Angelegenheiten hat er der obersten Kommando-Behörde Rapport zu erstatten."

Das wichtigste sanitäre Ereigniss der in Rede stehenden Zeit war der Erlass des obenerwähnten „Reglement über den Medicinal-Dienst in der königlich sächsischen Armee. Dresden 1841." Nach diesem Reglement war das ärztliche Personal für die Friedenszeit folgendes: ein Generalstabsarzt mit Oberstlieutenants-Rang oder ein Oberstabsarzt mit Majors-Rang, so dass einer von beiden für den Frieden wegfiel, Regimentsärzte mit Hauptmanns-Rang, Bataillonsärzte I. Kl. mit Oberlieutnants-Rang, Bataillonsärzte II. Kl. mit Lieutnants-Rang und Kompagnie-Aerzte mit dem Range nach dem Feldwebel. Alle höheren Militärärzte oder ihnen gleichgestellte Sanitäts-Beamte, heisst es in § 4, haben den Rang in der ihnen bestimmten Klasse nach den Offizieren. Es unterscheiden sich diese Rangverhältnisse demnach nicht von den für das Jahr 1822 aufgeführten [1]).

Die Uniform war folgende: Für den Generalstabsarzt und Oberstabsarzt: lichtblaue Röcke mit schwarzsammtnen Kragen und Aufschlägen, letztere mit Patten von der Farbe des Rockes und 3 in Silber gestickten Litzen, rothem Vorstoss, 2 Reihen weisser glatter Knöpfe, Pantalons von schwarzgrauem Tuche mit gleichfarbigem Vorstoss, Parade-Pantalons von demselben Tuche mit rothem Vorstoss, im Schnitt denen der Infanterie-Offiziere gleich; die Rangbezeichnung auf dem Kragen in Silber gestickt, nämlich um denselben oberwärts eine schmale Einfassung und für ersteren 2, für letzteren 1 Litze; Degen und Portepee gleich den Stabs-Offizieren, desgleichen auch Hüte mit Federstützen; für die Regiments- und Bataillonsärzte: gleiche Uniform, Aufschläge mit Patten von der Unterscheidungs-

---

1) An Sanitäts-Unterpersonal gab es nur bei den Sanitäts-Anstalten Oberkrankenwärter mit Sergeant- und Unterkrankenwärter mit Gefreiten-Rang (§ 3 des Med. Regl. v. 1841).

farbe der Partei, die Knöpfe ebenfalls mit Bezeichnung der letzteren; die Rangabzeichnung auf dem Kragen in Silber gestickt und zwar für den Regimentsarzt mit 3, den Bataillonsarzt I. Kl. mit 2, den Bataillonsarzt II. Kl. mit 1 Litze; Degen und Portepee wie die Subaltern-Offiziere, auch Hüte mit Federstützen; für die Kompagnie-Aerzte: lichtblaue Röcke mit Aufschlägen von derselben Farbe und schwarzsammtnen Kragen ohne weitere Abzeichnung; Patten und Knöpfe wie die der Partei; Hüte mit silbernen Cordons, Degen ohne Portepee. Die für's Feld ernannten Aerzte hatten Rang und Uniform, und zwar der Stabsarzt die des Bataillonsarztes I. Kl., der Oberarzt die nach dem Bataillonsarzt II. Kl. und der Unterarzt die des Kompagnie-Arztes.

Wurden durch dieses Reglement zahlreiche Unklarheiten in der Auffassung des *sachlichen* Sanitäts-Dienstes zu Gunsten einer geordneten Krankenpflege gehoben, so traten auch die Träger des Sanitäts-Dienstes bald darauf aus ihrer zu fortdauernden Zweifeln veranlassenden persönlichen Zwitterstellung heraus. Denn im Jahre 1848 (K. M. V. Nr. 5198 v. 30. August 1848) erhielten die Aerzte bestimmte ihren militärischen Rang äusserlich kennzeichnende Gradabzeichen, welche den für die Offiziere giltigen entsprachen: Epauletten mit Sternen; und dazu ordnete eine G. C. O. Nr. 2309 vom 3. September 1848 ausdrücklich an, dass Aerzte nunmehr dieselben Honneurs zu beanspruchen hätten, wie die mit ihnen in gleichem Range stehenden Offiziers-Chargen.

Schon im Juli desselben Jahres hatte man für die Kompagnie- und Schwadrons-Aerzte 2 Rangklassen eingerichtet, so dass diejenigen II. Klasse dann in die I. Klasse einrückten, wenn sie sich gut geführt und einen nochmaligen Kurs bei der chirurgisch-medicinischen Akademie bestanden hatten. Die Schwadrons- und Kompagnie-Aerzte I. Kl. hatten nun den Rang vor allen übrigen Unteroffizieren unmittelbar nach den Oberwundärzten, mit welchen sie die in Silber gestickte Kragenlitze gemein hatten. Zur Unterscheidung erhielten nun die Oberwundärzte silberne Degengehenke, und zwar ohne grüne Füllung.

Vom 1. Juli 1849 ab theilte man alle Militärärzte in Oberärzte und Unterärzte. Die ersteren, bis zum Hospitaloberarzt und Oberwundarzt herab so genannt, mussten in der inneren Heilkunde geprüft sein und zerfielen in 4 Klassen; die Unterärzte, welche in der äusseren Heilkunde geprüft sein mussten, wie die bisherigen Kompagnie-Aerzte, in 2 Klassen. An jährlichem Gehalt hatten nun die 8 Oberärzte I. Kl. (d. i. die vormaligen Regimentsärzte) 800 Thaler, 8 Oberärzte II. Kl.

300 Thlr. und 8 III. Kl. 240 Thlr.; die Unterärzte bekamen, sobald sie die Prüfung für die innere Heilkunde gut bestanden und mindestens 3 Jahre befriedigend gedient hatten, an täglicher Löhnung einschliesslich Bekleidungsgeld: 16 Gr. 5 Pf.

Die Namen der ausser dem Generalstabsarzt 1851 vorhandenen Oberärzte bietet nach deren Rangfolge die nachstehende Uebersicht:

Nr.	Vor- und Zuname	Kommandirt bei
	Oberärzte I. Klasse. Stabs-Aerzte.	
1	Dr. Johann Samuel Anschütz	Divisions-Stabs-Arzt, Artillerie-Korps und Sanitäts-Direction
2	Carl August Seidel	2. Reiter-Regiment
3	Johann Friedrich Wilhelm Hardrath	3. Infanterie-Brigade, 9. Bataillon u. Sanitäts-Direction
4	Ernst Albert Siegel	Hospital Dresden, Dirigent
5	Carl Gottlob Hauffe	1. Reiter-Regiment
6	Christian Friedrich Moritz Krebs	2. Infanterie-Brigade, 5. Bataillon
7	Rudolph Eduard Schubert	Leib-Infanterie-Brigade, 13. Bataillon
8	Dr. Friedrich Wilhelm Eichenberg	Garde-Reiter-Regiment
9	Carl Ferdinand Schneider	3. Reiter-Regiment
10	Dr. Friedrich August Ferdinand Herberg	Leichte Infant.-Brigade, 2. Schützen-Bataillon
	Oberärzte II. Klasse. Bataillons etc.-Oberärzte.	
1	Friedrich Wilhelm Freytag	1. Schützen-Bataillon
2	Carl Wilhelm Schaab	12. Infanterie-Bataillon
3	Gustav Wilhelm Pohland	Festungs-Oberarzt zu Königstein
4	Friedrich August Louis Lenk	11. Infanterie-Bataillon
5	Johann Jakob Jurack	15. Infanterie-Bataillon, Hospital zu Bautzen
6	Carl Adolph Voigt	4. Schützen-Bataillon
7	Dr. Friedrich Hermann Putzer	1. Infanterie-Brigade
8	Gottlieb Benjamin Weber	Hospital-Oberarzt zu Dresden
	Oberärzte III. Klasse. Bataillons-Aerzte.	
1	Gustav Eduard Ullrich	2. Infanterie-Bataillon
2	Moritz Ludwig Emanuel Schicker	16. = =
3	Dr. Christian Hermann Krauss	6. = =
4	Dr. Oskar Emil Pfotenhauer	7. = =
5	Carl Gottlieb Grossmann	8. = =
6	August Moritz Fehrmann	10. = =
7	Carl Moritz Hauck	3. Schützen-Bataillon
8	Ernst Ludwig Reichel	1. Infanterie-Bataillon
9	Gustav Hermann List	14. = =
10	Friedrich Ludwig Hennicke	4. = =
	Oberärzte IV. Klasse. Assistenz-Aerzte.	
1	Friedrich Hellmuth Degner	Prosector, Chirurg.-medicin. Akademie
2	Samuel Friedrich August Bennewitz	= = =
3	Dr. Johann Gottlieb Berndt	= = =
4	Friedrich Ernst Uhle	= = =
5	Dr. Julius Ferdinand Körzinger	= = =
6	Dr. Friedrich Wilhelm Liebers.	= = =
7	Friedrich Wilhelm Ludwig Pohmer	Artillerie-Korps
8	Carl Friedrich August Klahre	Chirurgisch-medicinische Akademie

Nr.	Vor- und Zuname	Kommandirt bei
	Oberärzte IV. Klasse. Assistenz-Aerzte.	
9	Ehregott Maximilian Frenzel	Leichte Infanterie-Brigade
10	Anton Gustav Uhlemann	Chirurgisch-medicinische Akademie
11	Albert Moritz Sittner	1. Infanterie-Brigade
12	Dr. Robert Wilhelm Schulze	3. Infanterie-Brigade
13	Dr. Johann Friedrich Ludwig Abel	Leichte Infanterie-Brigade
14	Dr. Wilhelm Hermann Oswald Koch	1. Reiter-Regiment
15	Dr. Friedrich Albert Leopold Wunder	2. Infanterie-Brigade
16	Hilmar Lindner	Chirurgisch-medicinische Akademie
17	Dr. Alexander Eduard Horn	1. Infanterie-Brigade
18	Christian Gotthelf Herberger	1. Infanterie-Brigade
	Charakterisirte Oberärzte IV. Klasse oder Assistenz-Aerzte.	
1	Carl Christian Laurin	Festung Königstein
2	Carl Heinrich Höppner	Pionnier-Abtheilung
3	Carl Anders	Leichte Infanterie
4	Dr. Wilhelm Otto Diettrich	1. Reiter-Regiment
5	Dr. Nicolaus Robert Fedotoff	Leib-Infanterie-Brigade
6	Dr. Otto Graf	3. Infanterie-Brigade
7	Dr. Christian Ludwig Mancke	Leichte Infanterie-Brigade

19. Jahrhundert.

Zweite Hälfte.

Zum besseren Verständnisse der weiteren Entwicklung der königlich sächsischen Militär-Sanitäts-Verfassung bis auf unsere Tage darf ich vielleicht eine kurze Bezugnahme auf die für das sächsische Heer wichtigeren Friedens- und Kriegs-Ereignisse vorausschicken. Den Friedensstand des Heeres zunächst berührt es, dass durch Gesetz vom 3. Juni 1852 der seit 1848 ausser Anwendung gekommenen Stellvertretung wieder Geltung verschafft wurde. Diese am Beginne dieses Zeitabschnittes eintretende Aenderung der Heeres-Verfassung kann es vielleicht rechtfertigen, wenn ich hier einen Blick auf die physischen Ergebnisse werfe, welche die Heeres-Ergänzung*) nunmehr verglichen mit den Ergebnissen der voraufgegangenen Jahre lieferte. Nach den hierfür zu Gebote stehenden Quellen[1]) machten die Individuen der Altersklasse von 20 Jahren in der Zeit von 1832—1855 durchschnittlich 0,87 Proc. der Gesammtbevölkerung des Landes aus,

---

*) Fortsetzung zu Seite 81.

[1]) Vgl. besonders Engel's Zeitschrift des statistischen Bureaus 1856 und 1868. — Dissertation von C. A. Voigt: De increscente populi Saxonici depravatione etc. Lipsiae 1857. — Needon in S. Zeitschrift des statist. Bureaus 1868.

und von den sämmtlichen Geborenen erreichten in dieser Zeit durchschnittlich knapp 42 Proc. das gestellungspflichtige Alter.

So vorsichtig man nun i. A. in der Schlussfolgerung aus Rekrutirungs-Ergebnissen sein muss, so habe ich doch einige Bruchstücke der letzteren aufgesammelt, um sie Interessenten anzubieten. Das Verhältniss der Tüchtigen zu den Gestellten war im Jahre 1826: 1:2,89, 1836: 1:2,83, 1846: 1:4, 1854: 1:4, 1826—1854 durchschnittlich 1:3,37, 1848—1854 gab es unter den Gestellten 25,90 Proc. Tüchtige und 15,10 Proc. Untermässige, 1862: 23,9 Proc. Tüchtige, 1864: 25,1 Proc. Tüchtige. Die Zahl der Gestellungspflichtigen betrug im J. 1826: 9427, 1862 aber 21717, 1864: 21433, 1865: 23009, 1867 bei der ersten Aushebung 22319 und bei der zweiten Aushebung 20661. Untüchtige einschliesslich Untermässige gab es 1826: 65 Proc., 1854: 67 Proc., 1865: 68 Proc., 1867: 58,78 Proc. und bei der zweiten Aushebung 54,51 Proc. der Gestellten. 1845—1854 wurden 117023 Gestellte untersucht und von denselben 24805 untermässig, 61909 untauglich wegen Gebrechen und Körperschwäche und 30309 tauglich gefunden, so dass auf 1000 Untersuchte je 741 untaugliche und 259 tauglich entfallen.

Die Hauptursachen der Untüchtigkeit waren allgemeine Schwächlichkeit, Brustleiden, Kropf und Blähhals, Darmbrüche, Kurzsichtigkeit, Plattfüsse, Rückgratsverkrümmung, Krampfadern und Formfehler der Beine. 2522 Untüchtige von 6157 Untüchtigen litten an diesen Gebrechen in den Jahren 1838—1848.

Die Berufsarten, welche geistig und die, welche für Bekleidungszwecke arbeiten, zählten in den Jahren 1852, 1853 und 1854 die körperlich Mindesttüchtigen in ihren Reihen; die Berufsarten aber, welche für die Beschaffung von Nahrungsmitteln thätig sind, die kräftigsten. In denselben Jahren betrug die durchschnittliche Körperlänge bei 52418 Gestellten 1,6352 m und die durchschnittliche Zahl der Untüchtigen 67,23 Proc. einschl. 14,73 Proc. Untermässige.

Im J. 1867 ergab die erste Aushebung 15,4 Proc. Untermässige und 36,3 Proc. Tüchtige von den Gestellten, die zweite Aushebung 18 Proc. und bez. 38,5 Proc. Die meisten Tüchtigen lieferten die Dachdecker und Ziegelarbeiter, die wenigsten die Schreiber und Lehrer. Die häufigste Ursache der Untüchtigkeit war schwacher Körperbau i. A. in 29,9 Proc. der Untüchtigkeitsfälle und schwache Brust in 14,9 Proc.

Dies genüge, um auf ältere Arbeiten über diesen Gegenstand hingewiesen zu haben. Vergleiche, aus welchen ersichtlich werden soll, ob die körperliche Tauglichkeit der sächsischen Bevölkerung in steigender oder sinkender Richtung sich bewegt, sind äusserst vorsichtig anzustellen und haben sich vor allem zu vergegenwärtigen, dass die Ziffern der tüchtig Befundenen zu allen Zeiten je nach dem Bedarf an Soldaten, je nach den staatlichen Ansprüchen einen subjectiven Inhalt haben. Die neuesten Uebersichten der Ergebnisse des Heeres-Ergänzungs-Geschäfts tragen aus diesem Grunde auch ein ganz anderes Gesicht, als diejenigen früherer Jahre. So war, um aus den siebziger Jahren zwei Beispiele anzuführen, das Ergebniss im Jahre 1874 folgendes: Es gelangten 33568 aus der zwanzigjährigen und 30633 aus älteren Jahresklassen, zusammen 64201 Mann, zur Untersuchung. Unermittelt blieben 1079, ausserdem blieben weg 1028, in andere Bezirke waren verzogen 16802. Auf ein Jahr zurückgestellt wurden 16272, als moralisch untauglich ausgeschlossen 57, augenfällig unbrauchbar 452, ausserdem ausgemustert als dauernd unbrauchbar 8360, der Ersatz-Reserve überwiesen 7318; 8442 wurden ausgehoben, 2818 blieben für künftige Aushebungen verfüglich, 291 waren als drei- bez. vierjährig Freiwillige und 1103 als einjährig Freiwillige angenommen worden.

Im Jahre 1879 wurden in den alphabetischen und Restanten-Listen geführt: 35697 zwanzigjährige, 19131 einundzwanzigjährige, 12465 zweiundzwanzigjährige, 2039 ältere, zusammen 69332 Mannschaften. Als unermittelt in den Restanten-Listen wurden geführt 1013, ohne Entschuldigung sind ausgeblieben 3554, anderwärts sind gestellungspflichtig geworden 17797, zurückgestellt wurden 21535, ausgeschlossen 72, ausgemustert 7632, der Ersatz-Reserve I überwiesen 5269, der Ersatz-Reserve II überwiesen 2807, ausgehoben 8379, überzählig sind geblieben 250, freiwillig eingetreten 1024. Von den Ausgehobenen wurden 8141 zum Dienst mit der Waffe und 237 zum Dienst ohne Waffe ausgehoben. Wegen unerlaubter Auswanderung wurden 85 verurtheilt, während wegen desselben Vergehens noch 141 in Untersuchung blieben.

Endlich wurden im Jahre 1882 in den Listen geführt 78142 Mann. Davon wurden ausgehoben 9712, zurückgestellt 23181, ausgemustert 6232, der Ersatz-Reserve I überwiesen 7582, der Ersatz-Reserve II überwiesen 2792, der Seewehr II überwiesen 1, ausgeschlossen 110 Mann. Ueberzählig geblieben sind 976, freiwillig eingetreten 1066, ohne Entschuldigung ausgeblieben 3739, anderwärts gestellungspflichtig geworden 21662 Mann. Als unermittelt wurden 1089 Mann in den Restanten-Listen geführt.

Die weiterhin das königlich sächsische Armeekorps*) betheili-

---

*) Fortsetzung zu Seite 83.

genden kriegerischen Ereignisse mit ihren sanitären Eigenschaften und Vorkommnissen sind folgende:

Im December 1863 wurde auf Anordnung des deutschen Bundes ein sächsisches mobiles Korps von 6000 Mann zur Ausführung der beschlossenen Bundes-Execution nach Holstein gesandt. In sanitärsachlicher Beziehung bereitete man diese Execution durch Aufstellung zweier Hospitäler für je 250 Kranke und eines Detachements der Sanitäts-Kompagnie vor. Jedes Hospital hatte einen militärischen Kommandanten, einen ärztlichen Dirigenten, einen Oberarzt, sechs Assistenzärzte, einen Apotheker, zwei Oberkrankenwärter und vierzehn Krankenwärter. Es war somit das Kontingent, zumal da auch jedes Bataillon drei Truppenärzte hatte, so reichlich mit Aerzten versorgt, dass selbst im Verlaufe der Execution einige Aerzte zur Aushilfe für verwundete Oesterreicher vorübergehend abgegeben werden konnten. Im December 1864 wurde das Kontingent wieder ins Land zurückberufen.

In das Jahr 1866 fiel der deutsch-österreichische Krieg, an welchem mit allen übrigen deutschen Staaten auch Sachsen Theil nahm. Das sächsische Heer hatte damals im Friedensstande 2 Divisionen Infanterie, jede derselben aus 2 Brigaden und jede Brigade aus 4 Bataillonen bestehend, ferner 1 Jägerbrigade zu 4 Bataillonen, 2 Brigaden Reiterei, jede derselben aus 2 Reiterregimentern mit je 5 Schwadronen sich zusammensetzend, 1 Artillerie-Korps aus 1 Fussartillerie-Regimente in 3 Brigaden von zusammen 10 Batterien, 1 reitende Artillerie-Brigade zu 2 Batterien, 1 Pionnier- und Pontonier-Abtheilung zu 2 Kompagnien und endlich 1 dem Artillerie-Korps unterstellte Commissariats-Trainbrigade.

An der Spitze des Sanitätskorps stand die Sanitätsdirection, welche den Generalstabsarzt Professor Dr. Günther als Director, den Brigadestabsarzt Lenk, den Bataillonsarzt 1. Kl. Hennicke und den Oberrossarzt Dr. phil. Trautvetter als Mitglieder zählte.

Die Aerzte vertheilten sich unmittelbar vor dem Kriege in die Truppentheile wie folgt (Rangliste von 1866):

1. Infanterie-Brigade.
Brigade-Stabsarzt Dr. Schaab.

	1. Bataillon	2. Bataillon	3. Bataillon	4. Bataillon
Bataillonsarzt:	Dienst vom Brigadestabsarzt mit versehen	vacat	Dr. Meissner	Dr. Schady
Assistenzärzte:	Dr. Meyer I	Dr. Gnoll	Homilius	Küchler
	Dr. Rudolph		Dr. Curth	

2. Infanterie-Brigade.
Brigade-Stabsarzt Freytag.

	5. Bataillon	6. Bataillon	7. Bataillon	8. Bataillon
Bataillonsarzt:	Dienst vom Brigadestabsarzt mit versehen	Bennewitz	Dr. Horn	Dr. Needon
Assistenzärzte:	Trum Dr. Zimmermann Schlesier	vacat	Christner Sieghardt	Dr. Klien

3. Infanterie-Brigade.
Brigade-Stabsarzt Jurack.

	9. Bataillon	10. Bataillon	11. Bataillon	12. Bataillon
Bataillonsarzt:	Dr. Tanner	vacat	Dienst vom Brigadestabsarzt mit versehen	Uhlemann
Assistenzärzte:	Dr. Graf	Dr. Fedotoff Dr. Moldau	Löwel Dr. Petrinus	Dr. Kiessling

4. (Leib-)Infanterie-Brigade.
Brigade-Stabsarzt Schubert.

	13. Bataillon	14. Bataillon	15. Bataillon	16. Bataillon
Bataillonsarzt:	Dr. Lehmannbeer	Dr. List	Niebergall	Dienst vom Brigadestabsarzt mit versehen
Assistenzärzte:	Helbig Dr. Schalle	Dr. Kleinpaul Dr. Michalsky	Sachsse Dr. Häschke	Dutschmann

Jägerbrigade.
Brigade-Stabsarzt Dr. Herberg.

	1. Bataillon	2. Bataillon	3. Bataillon	4. Bataillon
Bataillonsarzt:	Dr. Abel	Dienst vom Brigadestabsarzt mit versehen	Dr. Uhle	Dr. Mancke
Assistenzärzte:	Dr. Poppe Dr. Frölich Donau	Burkert Dr. Prengel	Dr. Kündiger Bär	Vogelgesang Schwarze Dr. Barth

1. Reiter-Regiment.
Regiments-Stabsarzt: Dr. Weber.
Assistenzärzte: Dr. Ziegler, Dietrich, Dr. Fleischhauer.

2. Reiter-Regiment.
Regiments-Stabsarzt: Pohland.
Assistenzärzte: Zimmer, Dr. Leo, Dietze.

3. Reiter-Regiment.
Regiments-Stabsarzt: Schneider.
Assistenzärzte: Strenger, Krause, Dr. Meyer II, Dr. Schmidt.

4. (Garde-)Reiter-Regiment.
Regiments-Stabsarzt: Reichel.
Assistenzärzte: Mejo, Hubert, Tischendorf, Hacker.

Artillerie-Korps.

Brigade-Stabsarzt Lenk.

Fussartillerie-Regiment	Reitende-Artillerie-Brigade
Assistenzärzte: Dr. Brückner, Michauk, Dr. Pleissner, Ehrhardt, Dr. Benndorf.	Dr. Dommer.

Commissariats-Trainbrigade.
Assistenzärzte: Dr. Leichsenring, Scheppahn.

Kommandantschaft Königstein	Kadettenkorps.
Bataillonsarzt: Dr. Pfotenhauer	
Assistenzärzte: vacat	Dr. Beyer.

Im Mai 1866 wurden die sächsischen Truppen gegen Preussen in der Stärke von rund 30000 Mann mobilisirt. Das mobile Armeekorps bestand aus [1]) dem Hauptquartiere Sr. Kgl. Hoheit Kronprinz Albert mit den zugehörigen Stäben etc. und der Sanitätsdirection (Generalstabsarzt Dr. Günther und Bataillonsarzt Dr. Tanner), aus der I. Infanterie-Division kommandirt von Generallieutenant von Schimpff, mit Divisionsartillerie etc. einschl. der 3. Ambulance unter Oberlieutenant Lommatzsch (vom 26. October an unter Hauptmann Rottka), aus der II. Infanterie-Division kommandirt von Generallieutenant von Stieglitz, mit Divisionsartillerie etc. einschl. der 2. Ambulance unter Oberlieutenant von Schlieben, aus der Reiter-Division befehligt von Generallieutenant Freiherr von Fritsch, mit der 1. Ambulance unter Oberlieutenant Böhme, aus der Reserve-Artillerie, bestehend aus 5 Batterien und 2 Munitionscolonnen, kommandirt von Oberst Köhler, endlich aus den Armeeanstalten, zu denen 3, vom Juni an 4 Feldhospitäler gehörten, und zwar das 1. unter Hauptmann von Baumann als Kommandanten und Brigade-Stabsarzt Schneider als ärztlichem Dirigenten, das 2. unter Hauptmann Dr. Naundorf und Brigade-Stabsarzt Dr. Herberg, das 3. unter Major Schön und Regiments-Stabsarzt Dr. Weber und das 4. unter Hauptmann von Metzradt und Bataillonsarzt Dr. Kleinpaul, später Brigade-Stabsarzt Dr. Lenk.

Dieses mobile Armeekorps verliess im Juni Sachsen, schloss sich in Böhmen dem k. k. österreichischen Nord-Heere an und betheiligte sich an den kriegerischen Unternehmungen desselben. Dieselben sind im Einzelnen durch das auf Grund der Feldacten des Generalstabes bearbeitete Werk veröffentlich worden.

Zur Kennzeichnung des Umfangs des Sanitätsdienstes sei darauf hingewiesen, dass die Sachsen in den beiden Zusammenstössen —

---

1) Der Antheil des k. s. Armeekorps am Feldzuge 1866 in Oesterreich bearbeitet nach den Feldacten des Generalstabes. 2. Auflage. Dresden 1869.

bei Gičin und Königgrätz — mit so grossem Verluste Antheil hatten, dass dieser Verlust dem sächsischen Gesammtverlust im ganzen Feldzuge fast gleich zu setzen ist:

> Es wurden Sachsen insgesammt verwundet 1275 einschl. 46 Offiziere,
> =   =   =   durch Krankheiten lazarethkrank 7345,
> es fielen in der Schlacht 223 einschl. 20 Offiziere,
> es erlagen nachträglich ihren Wunden 100 einschl. 15 Offiziere,
> Kranke starben 126, und zwar u. a. 90 an Typhus, 13 an Cholera,
> 11 an Ruhr etc.

Vermisst wurden anfangs 580, am 31. December 1866 noch 146. Da von Letzteren noch eine beträchtliche Zahl als gestorben zu betrachten ist, so erscheint die Anfügung der Angaben des sächsischen Generalstabswerks von 1869 über den Gesammtverlust in allen Gefechten (von Münchengrätz an bis Szenitz) geboten. Nach demselben beziffert sich der Gesammtverlust an Todten auf 38 Offiziere und 582 Mannschaften, an Verwundeten auf 47 Offiziere und 1345 Mannschaften, an unverwundet Gefangenen auf 4 Offiziere und 205 Mannschaften.

Was nun die Thätigkeit der Sanitätsanstalten in diesem Feldzuge betrifft, so waren die Grenzen dieser Arbeit zunächst bedingt durch den persönlichen und sachlichen Etat. Die Ambulancen mit je 1 Offizier und 6 unterstellten Aerzten waren so organisirt, dass sie die erste Hilfe auf dem Schlachtfelde leisten, aber auch in den gefechtfreien Zeiten je 100 Kranke auf einmal aufnehmen und verpflegen konnten. Die Feldhospitäler waren für 500 Kranke eingerichtet und standen je unter einem Hospitalkommandanten, neben welchem ein Arzt als Dirigent Dienst leistete; unter den Befehlen derselben standen bei jedem Hospital 22 Aerzte.

Ihre erste Thätigkeit entfalteten diese Anstalten [1] in verschiedenen Städten Sachsens; am 15. und 16. Juni aber brachen alle auf und gaben ihre transportfähigen Kranken nach Prag ab; weiterhin bis zum 17. Juli konnten diese Anstalten nicht zu neuer Thätigkeit kommen, weil die sächsischen Truppen im Zurückgehen waren. In Oesterreich aber traten sie ihre eigentliche Feldthätigkeit an, welche folgende Uebersicht veranschaulichen mag:

Ambulance:	Arbeitsort	Arbeitszeit	Kranke u. Verwundete aufgenommen
1	Biedermannsdorf	13. Aug. bis 11. Oct.	143
2	Voesendorf	4. Sept. = 4. Nov.	295
3	Mauer b. Wien	9. Aug. = 26. =	364

---

[1] Inauguralschrift von M. Ziegler. Dresden 1867; und diejenige von Alfred Springmühl „Das erste k. sächs. Feldhospital im Feldzuge 1866". Leipzig 1866. 8. II. 26, II Seiten.

Arbeitsort	Arbeitszeit	Kranke u. Verwundete aufgenommen
Feldhospital 1. Heiligenkreuz	6. Aug. bis 23. Oct.	719
2. Wien (Theresianum)	18. Juli = 21. Sept.	1301
3. Mitterndorf bei Laxenburg	18. = = 14. Nov.	1711
4. {Wels	25. Juni = 19. Juli	670
Guntramsdorf bei Laxenburg	22. Juli = 17. Oct.	917.

Ein 5. wurde in Baden lediglich zur Aufnahme derjenigen Kranken errichtet, welche beim Rückmarsche der Truppen nicht nach Sachsen transportirt werden konnten; es blieb daselbst vom 19. October 1866 bis 15. Februar 1867 und hat 462 Kranke aufgenommen.

In dem Kriege von 1866 war es auch, in welchem das erste Mal die *freiwillige Krankenpflege* als geschlossenes und innerlich wohlorganisirtes Ganze dem amtlichen Sanitätsdienste die opferbereite Hand reichte. Während nämlich der am 22. August 1864 zu Genf unterzeichnete Vertrag, welchem auch die königlich sächsische Staats-Regierung nach einer Bekanntmachung vom 9. Juli 1866 nachträglich beitrat, in der Hauptsache Bestimmungen über die Neutralität der Sanitäts-Anstalten und des in ihnen beschäftigten Personals enthält, war durch die Beschlüsse der im October 1863 zu Genf abgehaltenen Conferenz bestimmt worden, dass in jedem Staate unter dem Schutze der Regierung ein Verein sich zu bilden habe, welcher sich schon in Friedenszeiten die Aufgabe stelle, die Mittel herbeizuschaffen, um im Kriege das Los der verwundeten und kranken Soldaten zu lindern. In Gemässheit dieser Beschlüsse waren zunächst von dem Vertreter des Königreichs Sachsen bei den Genfer Conferenzen, dem General-Stabsarzt Dr. Günther, bereits im Sommer 1864 die nöthigen Einleitungen getroffen worden, um einen solchen Verein ins Leben zu rufen, ohne dass derselbe jedoch damals thätig zu werden Gelegenheit hatte. Immerhin fand jedoch schon das Jahr 1866 bereits eine Organisation vor, welche, nachdem die früher bearbeiteten Vereinssatzungen mittelst Dekrets vom 7. Juni 1866 die Genehmigung des königlichen Ministeriums des Innern erlangt hatten, die praktische Vereinswirksamkeit ermöglichte. Der Beginn der letzteren fiel mit dem wirklichen Ausbruche des deutschösterreichischen Krieges von 1866 so ziemlich zusammen.

Nach Beendigung desselben bildete sich im Jahre 1867 ein internationaler Frauenverein unter dem Protektorate und der Oberleitung der damaligen Kronprinzessin jetzigen Königin Carola von Sachsen im Anschlusse an den Genfer Vertrag mit dem Namen „Albertverein" und bezeichnete in § 4 seiner Statuten folgende als Vereinszwecke:

1. In Kriegszeiten die Militärverwaltung in der Pflege verwundeter und kranker Soldaten durch eine geordnete Privathilfe zu unterstützen und zwar:
   a) Für Beschaffung und geordnete Verwendung zweckentsprechender Hilfs- und Pflegemittel Sorge zu tragen.
   b) Im Einvernehmen mit dem Kommando der Armee auf eigene Kosten Räumlichkeiten zur Pflege der Verwundeten einzurichten und sie mit dem nöthigen Pflege-Personal zu versehen.
   c) Die Vorräthe der Lazarethe an Verbandmaterial und Wäsche zur Pflege und Erquickung der Verwundeten und Kranken zu verstärken.
2. Nach Kräften alles sonst Dienliche zu thun, was den Vereinszwecken entspricht, und deshalb schon in *Friedenszeiten:*
   a) Die nöthigen Vorbereitungen für die freiwillige Hilfsthätigkeit in einem künftigen Kriegsfall zu treffen und dieselbe zu organisiren, namentlich aber durch die Ausbildung von geschulten freiwilligen Krankenpflegerinnen zur Förderung einer zweckmässigen und ausreichenden Krankenpflege beizutragen.
   b) Die für die Wirksamkeit des Vereins erforderlichen Geldmittel zu sammeln, zu verwalten und zweckentsprechend zu verwenden.
   c) Sich mit den bestehenden geistlichen und weltlichen Genossenschaften zur Krankenpflege für die Zwecke des Vereins in Verbindung zu setzen.
   d) Ueberhaupt sich nach allen Richtungen auf die Thätigkeit vorzubereiten, welche der Kriegsfall nothwendig macht.

Die Erstreckung der Vereinsthätigkeit auf andere verwandte Gebiete bleibt dem Direktorium vorbehalten. — Diese Satzungen wurden mittels Dekrets des königlichen Ministeriums des Innern vom 9. Januar 1868 bestätigt und blieben maassgebend für die weitere erfolgreiche Thätigkeit dieses Vereins, welche hinlänglich aus seinen Geschäfts-Berichten hervorgeht und einer wiederholten Darlegung, so weit sie vor den deutsch-französischen Feldzug fällt, nicht bedarf. Dieselbe hängt überdies seit dem Jahre 1869 innig mit derjenigen des an erster Stelle erwähnten Vereins zusammen, seitdem nämlich beide Vereine, obwohl selbständig in ihrer inneren Organisation, nach aussen und in den Zeiten des Krieges ein gemeinsames Ganze zu bilden und nach Vereinbarung ihrer Direktorien als eine einhellige Genossenschaft zu handeln beschlossen haben.

Das Verhältniss dieses freiwilligen Vereinswesens zum amtlichen

Sanitäts-Dienste wurde später durch die §§ 64 bis 81 der Feld-Sanitäts-Instruction von 1869 und endlich durch die Kriegs-Sanitäts-Ordnung von 1878 maassgebend gekennzeichnet. —

Im Jahre 1867, einem der ereignissvollsten der sächsischen Kriegsgeschichte, wurde das sächsische Armeekorps als XII. Bundesarmeekorps den Verhältnissen des neugegründeten „Norddeutschen Bundes"[1]) entsprechend reorganisirt, und wurde hiermit zugleich für die Ergänzung des Korps die Stellvertretung aufgehoben und dafür die *allgemeine persönliche Wehrpflicht* eingeführt.

Es war und ist nunmehr jeder wehrtüchtige Sachse verpflichtet 3 Jahre im aktiven Heere, 4 Jahre in der Reserve und 5 Jahre in der Landwehr zu dienen. Da die Stärke des aktiven Heeres (Friedenspräsenzstärke) auf 1 Proc. der Bevölkerung festgesetzt worden war, so kam es, dass vom Jahre 1867 an das Armeekorps im Frieden etwa 23000 Mann zählte, während sich die Kriegsstärke ungefähr auf das Dreifache belief.

An Sanitätsanstalten waren für das Feld zu stellen:
a) 3 Sanitäts-Detachements für den Dienst auf den Schlachtfeldern — welche als Bestandtheile des mobilen Train-Bataillons anzusehen und functionell den beiden Infanterie-Divisionen beziehungsweise der Reserveartillerie zuzutheilen waren;
b) 12 Feldlazarethe, welche als „Administrationen" je für 200 Kranke einzurichten und nach jeweiligem Bedarfe theils bei den Divisionen theils bei der Reserve zu belassen waren;
c) 3 Abtheilungen des Kriegs-Lazarethpersonals (oder „Lazareth-Reservepersonals", wie es 1870 noch hiess), welche ebenfalls zu den Administrationen zählend „Etappenlazarethe" für auf den Märschen Erkrankende zu unterhalten und die auf den Etappen in der Reserve verbliebenen Feldlazarethe, um „stehende Kriegslazarethe" zu bilden, abzulösen hatten;
d) das dirigirende ärztliche Personal gleichfalls zu den „Administrationen" gehörig und aus 1 Korpsarzte, 2 Divisionsärzten, 1 Feldlazareth-Director und aus einigen „konsultirenden" Aerzten (civilärztlichen Autoritäten) bestehend und
e) 1 Lazareth-Reservedepot, eine Administration, welche hinter dem operirenden Heere aufhältig das Material der Heilanstalten zu ergänzen hatte.

---

[1]) Vgl. Verfassung des Norddeutschen Bundes vom 26. Juli 1867 — im Bundesgesetzblatte 1867 Nr. 1. — Militärvertrag Sachsens mit Preussen vom 7. Febr. 1867. — Gesetz betr. Verpflichtung zum Kriegsdienste vom 9. November 1867 — im Bundesgesetzblatt 1867 Nr. 10 und im Armee-Verordnungsblatt 1867 Nr. 22.

Für das Ersatz-Truppengebiet der Heimath:

Ausser den Garnison-Lazarethen — Reserve-Lazarethe, in welche die voraussichtlich kriegsuntüchtig bleibenden oder doch einer längeren Pflege bedürfenden Kranken des Feldheeres mittelst der Sanitätszüge, oder (wenn es sich um Leichtkranke handelte) mittelst der gewöhnlichen (Eisenbahn-, beziehungsweise) Krankenzüge überzuführen wären. Ihre Zahl war nicht etatisirt, sondern von jeweiligen Verhältnissen abhängig. Sie waren indess schon im Frieden in Aussicht genommen, so dass es zur Zeit der Mobilisirung nur des Erlasses der bereits fertigen Anordnungen bedurfte. Kraft der letzteren waren an Reserve-Lazarethen zu errichten:

1. In Leipzig für 1200 Mann und zwar für
    600 Mann in der 3. Bürgerschule,
    300   =   =   =   Kaserne,
    200   =   =   =   städtischen Turnhalle,
    100   =   = dem Garnison-Lazareth (bei erhöhter Belegung desselben, da dasselbe sonst nur 86 Kranke aufzunehmen hatte).

2. In Dresden für 2000 Mann und zwar für
    1000 Mann in der Neustädter Reiterkaserne,
    600   =   im Pontonschuppen,
    200   =   in dem Höckner'schen Massenquartier (daneben sollte das Garnison-Lazareth, welches für 400 Kranke eingerichtet ist, fortbestehen).

3. In Zittau für 700 Mann und zwar für
    600 Mann in der neuen Kaserne und im Garnison-Lazareth,
    100   =   =   =   alten   =   =   =   =   =

4. In Chemnitz für 300 Mann in der Kaserne. (Im Frieden hatte Chemnitz ein Garnison-Lazareth für 86 Kranke.)

5. In Bautzen für 300 Mann in der Kaserne und im Garnison-Lazareth.

6. In Grossenhain für 300 Mann im städtischen Krankenhause. (Im Frieden hatte Grossenhain ein Garnison-Lazareth für 35 Kranke.)

7. In Wurzen für 200 Mann in der Kaserne und im Garnison-Lazarethe.

Nächstdem waren noch die Kasernen zu Schneeberg und Marienberg für den Bedarfsfall als Reserve-Lazarethe zur Aufnahme Genesender in Aussicht genommen. —

Kurz vor dem Feldzuge 1870/71 bestand das Sanitäts-Personal des 12. (königl.-sächs.) Armeekorps noch aus Aerzten und Sanitätssoldaten, mit welch letzterem Namen die jetzigen Lazarethgehilfen, Krankenwärter und Krankenträger gemeinsam bezeichnet wurden. Der Friedens-Etat des Sanitäts-Personales war folgender

Feldsanitätsdienst.

Dienststelle	General-Arzt	Ober-Stabs-Aerzte	Stabs-Aerzte	Assistenz-Aerzte
9 Infanterie-Regimenter	.	9	18	27
2 Jäger-Bataillone	.	.	2	2
5 Kavallerie-Regimenter mit je 2 Garnisonen	.	5	.	10
1. Kav.-Regiment mit 1 Garnison	.	1	.	1
Feldartillerie-Regiment	.	1	3	4
Festungsartillerie-Abtheilung . .	.	.	.	1
Pionnier-Bataillon	.	.	1	1
Train-Bataillon	.	.	.	1
Sanitäts-Direction	1	.	2	.
Andere Formationen	.	1	3	11
Insgesammt:	1	17	29	58

An Sanitätsmannschaften (Lazarethgehilfen, Krankenwärtern und Krankenträgern) waren zusammen unausgesetzt 348 im 2. Dienstjahre und 348 im 3. Dienstjahre präsent, und traten alljährlich 348 im Sanitätsdienste ausgebildete Mannschaften zur Deckung des Kriegs-Bedarfes in die Reserve.

Der Kriegs-Etat des Sanitäts-Personals war folgender, nämlich an Aerzten und zwar an dirigirenden Aerzten:

  Für das Feld . . . . 1 Korpsarzt
           2 Divisionsärzte
          1 Feldlazareth-Director
  Für die Ersatztruppen . . . 1 stellvertr. Korpsarzt
    = = Besatzungstruppen   Keiner.

      Summa: 5 — zu welchen noch eine beliebige Anzahl „konsultirender Aerzte" für das Feld hinzutreten sollte.

An ordinirenden Aerzten:
  Für das Feld 73
    = die Ersatzformationen 64
    = = Besatzung 7
      Summa: 144

An assistirenden Aerzten:
  Für das Feld 124
    = den Ersatz 129
    = die Besatzung 8
      Summa: 261

Der gesammte Söll-Bestand an Aerzten belief sich demnach auf $5 + 144 + 261 = 410$.

Der Kriegs-Etat an Lazarethgehilfen war:
  Für das Feld 331
    = die Ersatzformationen 214
    = = Besatzungstruppen 23
      Summa: 568

Der Kriegs-Etat an Krankenwärtern war:

  Für das Feld 204
   = die Ersatzformationen 324
   = = Besatzungstruppen 0
       Summa: 528

Abgesehen von den (nicht zum Sanitätskorps gehörigen) Krankenträgern, welche sich in der Etatszahl von 372 bei den 3 Sanitätsdetachements zu befinden hatten, betrug der Kriegs-Soll-Bestand des ganzen Sanitätskorps vor dem Feldzuge 1870/71, wie folgt:

	Feld	Ersatz	Besatzung	Summen
Aerzte	201	194	15	410
Lazarethgehilfen	331	214	23	568
Krankenwärter .	204	324	.	528
Summa:	736	732	38	1506.

Je nach der Verwendung unterschied man beim 12. (kgl.-sächs.) Armeekorps, wie überhaupt im deutschen Heere, eine sanitäre Ausrüstung der Truppen, eine solche der Heilanstalten und eine persönliche Sanitätsausrüstung des Sanitätspersonales.

Das Sanitätsmaterial, welches die *Truppen* mit sich ins Feld zu führen hatten, war in den zweispännigen *Truppen-Medicin-Wagen* untergebracht. Dieselben waren, wie sie es jetzt noch sind, ausschliesslich für den Feldgebrauch, nicht für die Friedensübungen bestimmt, und zwar wurde jedes Infanterie- und Jäger-Bataillon und jedes Kavallerie-Regiment von einem solchen begleitet. Der etatsmässige Inhalt dieser Wagen glich demjenigen der gleichnamigen preussischen Wagen. Ausserdem sollten diese (mit den gebräuchlichen Vorraths- und Stallsachen, sowie mit Schanzzeug ausgerüsteten) Wagen je 4 Stück zusammenlegbare Krankentragen, je 2 Stück Bandagentornister, je 1 Wasserkasten, je 12 Stück Krankendecken und die Instrumente des Oberarztes sowie das ärztliche Privatgepäck befördern.

Die Construction wich indess von derjenigen der preussischen Wagen in Folge davon ab, dass die sächsischen Wagen die Nebenbestimmung hatten, einen auf Märschen etwa schwer Erkrankenden in liegender Haltung und einen Leichtkranken in sitzender Haltung auf 3 vorhandenen Rosshaarkissen aufzunehmen.

Die *Bandagentornister*, welche in Sachsen vor dem Feldzuge 1870/71 noch nicht eingeführt, und von welchen je 2 auf jedem Truppen-Medicinwagen der Infanterie- und Jäger- (auch Besatzungs-) Bataillone und der Kavallerie-Regimenter, sowie je 1 Stück auf einem Vorrathswagen der Batterien und auf dem zugetheilten Schanz-

und Werkzeugwagen der Pionnier-Kompagnien preussischerseits mit ins Feld zu nehmen waren, hatten die Bestimmung, den Truppen auf das Gefechtsfeld, und zwar ausnahmsweise an solche Stellen nachgetragen zu werden, an welche der Medicinwagen nicht zu folgen vermag. Diese Tornister wurden, wie noch jetzt, nebst den zugehörigen Standgefässen und Geräthen mit und bei den Truppen-Medicinwagen, die Tornister der Feld-Reserve-Batterien insbesondere bei dem Artillerie-Depot in Bereitschaft gehalten. Das Gewicht eines gefüllten Bandagentornisters betrug 10750 Gramm.

Die *Medicin- und Bandagenkästen* hatten einen ähnlichen Zweck wie die Truppen-Medicinwagen, insofern sie, wie diese, zum Transporte von Heilmitteln verwendet wurden. Von den Batterien, Pionnier-Kompagnien und Kolonnen, bei all' welchen je 1 solcher Kasten anstatt des Truppen-Medicinwagens vorhanden war, wurden sie nicht nur im Felde, sondern auch auf Friedensmärschen benützt; von den mit Medicinwagen versehenen Truppentheilen, also den Kavallerie-Regimentern und Infanterie-Bataillonen, bei welchen ebenfalls je 1 Kasten etatsmässig war, nur im Frieden. Diese Kästen, deren Construction vor dem Feldzuge eine andere war, als die der preussischen Kästen, wurden gefüllt in den Lazarethen der betreffenden Garnison- beziehungsweise Formationsorte aufbewahrt und durch die Truppentheile für Friedensmärsche beziehungsweise für den Kriegsfall requirirt. Die erste Ausstattung der Kästen mit Heilmitteln geschah am Orte der Aufbewahrung jener: aus den Beständen der Garnison-Lazarethe. Die Ausstattung der für Neuformationen bestimmten Kästen wurde central bewerkstelligt. Unterwegs, im Felde, fanden die Kästen ihre Unterkunft neben den Bandagentornistern und bei den Feld- und Feld-Reservebatterien neben der für jede Batterie etatsmässigen Krankentrage.

Endlich war jeder Soldat der mobilen Truppe mit einem *Verbandpäckchen* ausgestattet, welches bestand aus 1 Stück alter Leinwand 30 □ cm messend, 1 dreieckigem Verbandtuche (vgl. § 25 der jetzigen Kriegs-Sanitätsordnung), 15 Gramm Charpie vereinigt in ein Stück (25 cm hoher und 20 cm breiter) Oelleinwand zu 1 Päckchen von 12 cm Länge und 9 cm Breite.

Da die Menge und Beschaffenheit dieses Materials für das königl. preussische Heer durch die Feldsanitäts-Instruction vom 29. April 1869 geregelt war, diese Instruction aber im sächsischen Armeekorps erst unmittelbar vor dem Feldzuge 1870/71 zur endgiltigen Einführung gelangte, so zeigten die bezüglichen Materialeigenschaften im sächsischen Armeekorps noch einige Verschiedenheiten.

Diese Verschiedenheit sprach sich insbesondere in den Transportmitteln für Kranke und für die Heilmittel aus. Namentlich konnte den in Beilage 13 der genannten Instruction niedergelegten Bestimmungen über die Beschaffung von Material zum Krankentransport auf Eisenbahnen vor dem Feldzuge nicht mehr entsprochen werden. Ebenso behielt man die bisherige Construction der 6 Krankentransportwagen jedes Sanitäts-Detachements für je 2 Schwerverwundete und die der Krankentragen bei. Der Bau der ersteren zeigte nichts, was der Hervorhebung bedürfte; die Tragen waren ziemlich einfach, in der Hauptsache bestehend aus je 2 durch einen in ihrer Mitte querlaufenden Eisenstab verbundenen und mit gefirnisster Leinwand überzogenen Holmen, welche letztere zum Einklappen der Griffteile mit Charnieren versehen waren. Die 2 zweispännigen Sanitätswagen jedes Sanitäts-Detachements zur Unterbringung von Medikamenten, Verbandmitteln, chirurgischen Instrumenten und Lebensmitteln, die 2 zweispännigen Gepäckwagen jedes Sanitäts-Detachements zur Unterbringung der Kasse und des Gepäcks der Offiziere und Beamten, ferner die 3 vierspännigen Oekonomie-Utensilienwagen und die 2 zweispännigen Sanitätswagen jedes Feldlazareths waren ebenfalls vorhanden, wenn auch theilweise nicht ursprünglich und eigentlich zu sanitären Zwecken und nicht mit den entsprechenden Constructionen. Vorwiegend waren zum Transport von Heilmitteln sogenannte Deckelwagen ausersehen, welche mit einem hölzernen mittelst gefirnisster Leinwand überzogenen flach gewölbten und seitlich aufklappbaren Dache versehen waren. Eine innere, der Aufnahme von Geräthschaften, Verbandmitteln etc. dienende Raumeintheilung und Abgrenzung besassen diese Wagen nicht. Der sogenannte Apothekerwagen war ebenfalls ein solcher Deckelwagen, nur bestand er nicht aus Einem Kasten, sondern aus zwei abwärts keilförmig sich verjüngenden Kästen; diese fest eingefügten Kästen hatten zwischen sich in der Mitte des Wagens einen Raum zur Aufnahme von 2 losen Kisten, die zur Vermeidung des Herabstürzens mit Ketten an den Wagen befestigt waren. Diese Kisten waren von der Seite, jene Kästen nur von oben zugängig, und zwar hatten die letzteren gefächerte Einsätze.

Krankentransportmittel hatten die Feldlazarethe etatsmässig; wie im preussischen Heere, nur für ihren inneren Krankenverkehr u. z. hatte hiezu jedes Feldlazareth etatsgemäss 8 Traggurte und Tragstangen, welche letztere durch die Schlaufen gefüllter Strohsäcke gesteckt werden konnten. Ueberdies aber waren vom Lazareth-Reservedepot 55 Krankentragen (einschliesslich 5 Räderbahren) vorräthig mitzuführen.

Was endlich die Reserve-Lazarethe der Heimath anlangt, so bedienten sich dieselben zum Zwecke des inneren Krankentransports der Mittel, welche den Garnison-Lazarethen zu Gebote standen: der Krankentragekörbe aus Weidenruthen, beweglichen Kopfbügeln und grauen Leinwandplanen (nach Beilage G des Friedens-Lazareth-Reglements).

Die persönliche Sanitätsausrüstung des *Sanitätskorps* bestand, wie noch gegenwärtig, in folgenden Dingen: Jeder im Dienste befindliche Militärarzt hatte sich für dienstliche Zwecke im Krieg und Frieden auf eigene Kosten im Besitze einer kleinen Verbandtasche zu erhalten. Die Tragweise dieser Instrumente war, wie noch jetzt, ganz freigestellt. Ausser den genannten hatten sich die oberen Militärärzte des aktiven Dienststandes noch wenigstens im Besitze der in Beilage 5 h der jetzigen Kriegs-Sanitäts-Ordnung verzeichneten Instrumente zu erhalten. Im Mobilisirungsfalle hatten sie zur Ergänzung und Instandhaltung der Instrumente u. z. die Oberstabs- und Stabsärzte 60 Mark, die Assistenzärzte bei der Minderzahl ihre Instrumente nur 30 Mark zu empfangen.

Den oberen Militärärzten des Beurlaubtenstandes wurden bei ihrer Einberufung zum Dienste die zur Ausführung grösserer Operationen erforderlichen Instrumente aus fiskalischen Beständen überwiesen, wie auch den in Stabsarztstellen dienstthuenden Assistenzärzten des Friedensstandes.

Rückte die Truppe ins Feld ab, so brachte der Arzt die Instrumente im Truppen-Medicinwagen, bei den nicht mit solchen Wagen ausgestatteten Truppen (Artillerie etc.) aber in seinem Privatgepäcke unter.

Da im königlich sächsischen Armeekorps ehedem der Grundsatz herrschte, dass für die Oberärzte die therapeutischen Instrumente, wie alle anderen Heilmittel, staatlicherseits beschafft, beziehungsweise unterhalten wurden, so rückte der grössere Theil der sächsischen Oberärzte noch mit fiskalischen Instrumenten 1870 ins Feld, und nur die nach dem Jahre 1868 ernannten Stabsärzte hatten keinen Anspruch mehr auf diese Vergünstigung.

Die Lazarethgehilfen trugen von sanitären Ausrüstungsstücken bei der Truppe eine, gefüllt 1650 Gramm wiegende, Labeflasche mit Tragriemen. Ferner hatte jeder Lazarethgehilfe ein kleines, in der Waffenrocktasche unterzubringendes Verbandzeug, bestehend aus einem ledernen Täschchen mit Pflasterschere, Pincette, Sonde, Spatel und Lanzette. Der Preis eines solchen Verbandzeugs beläuft sich auf 5 Mark 25 Pfennige.

Für die Ausrüstung kleinerer Truppenkommandos, sowie zur Benützung neben dem Medicin- und Bandagenkasten sollte endlich jeder Lazarethgehilfe die (unter dem 11. März 1870 in das preussische Heer eingeführte, umhängbare) Tasche auf dem Marsche führen, deren Kriegstragezeit auf 5 Jahre (Friedenstragezeit auf 20 Jahre) festgesetzt ist. Ihr etatsmässiger Heilmittelinhalt ist aus Beilage 2 des Unterrichtsbuchs für Lazarethgehilfen zu ersehen. Ihr Gewicht beträgt 4000 Gramm (einschliesslich der Heilmittel), ihr Preis bei Einschluss der Flaschen und der Aderpresse und bei Ausschluss der Binden, Nadeln etc. 34 Mark.

Die Krankenwärter hatten, da sie nur in Heilanstalten Verwendung finden, keine besondere sanitäre Ausrüstung. Aehnlich verhielt es sich mit den nur bei den Sanitäts-Detachements dienstleistenden Krankenträgern, welche persönlich und sanitär wie jetzt lediglich mit Labeflaschen ausgerüstet waren.

Deutsch-französischer Krieg 1870/71.

In der Nacht zum 16. Juli 1870 wurde für das norddeutsche Bundesheer der Mobilmachungsbefehl erlassen und der genannte Tag als 1. Mobilisirungstag bestimmt. Das 12. Armeekorps sollte vom 27. Juli bis 2. August bei Mainz debarkiren, welcher Plan den Gang der Mobilisirung beherrschte. Da die preussische Heeres-Sanitäts-Verfassung, mit welcher der Aerztebedarf im Kriegsfalle durch eine beträchtliche Anzahl von Aerzten des Beurlaubtenstandes gesichert erscheint, erst seit 3 Jahren für Sachsen in Kraft war, so suchte der sächsische Korpsarzt, Generalarzt 1. Kl. Dr. Roth, in Ermangelung von Aerzten dieser Kategorie den Bedarf durch die Anrufung der Freiwilligkeit zu decken; und erliess demgemäss die Korps-Sanitätsbehörde schon am 1. Mobilmachungstage folgenden Aufruf:

„Die soeben ausgesprochene Mobilisirung des königl. sächsischen 12. Armee-Korps verlangt eine erhebliche Vermehrung des ärztlichen Personals, sowohl für die mobilen als immobilen Truppen und Lazarethe. Für die mobile Armee bedarf es namentlich der jüngeren Mediciner, welche vom 7. Semester ab in der Stellung als Unterärzte mit den Kompetenzen eines Assistenzarztes (25 Thaler Gehalt, 20 Thaler Feldzulage, 1 Portion, 1 Ration und 1 Trainsoldat) angestellt werden. Die Ernennung derselben zum Assistenzarzt behält sich das königliche Kriegs-Ministerium vor. Diejenigen Mediciner, welche ihre Studien noch nicht vollendet haben, können nach der Demobilisirung dieselben fortsetzen, und wird ihnen die während des Feldzugs gediente Zeit hernach bei Ableistung ihrer Dienstpflicht angerechnet.

Für die immobile Truppe und die stehenden Lazarethe können nichtdienstpflichtige Aerzte jedes Alters in dirigirenden, ordinirenden und assistirenden Stellungen Verwendung finden, und zwar in ersterer mit 3 Thaler, in der zweiten mit 2 Thaler und in der letzten mit 1 ½ Thaler täglichen Diäten.

Das königliche Kriegs-Ministerium glaubt von dem Patriotismus der Herrn Aerzte einen zahlreichen Eintritt in die Armee erwarten zu können. Etwaige Anträge zum Eintritte in die Armee sind an die königliche Sanitäts-Direction zu richten."

Der Erfolg dieser Bemühungen sprach sich in folgenden Zahlen aus: Es traten aus dem Civil in der Zeit vom 16. bis 31. Juli *in das Sanitätskorps* ausser 3 Professoren als konsultirenden Aerzten und ausser 4 dienstpflichtigen approbirten Aerzten und 3 studirenden Militärstipendiaten — 2 Civilärzte als Stabsärzte (ausnahmsweise), 19 Privatärzte als Assistenzärzte und 65 Studenten der Medicin als Unterärzte, zusammen 86 freiwillige Mediciner, ein.

Ausser diesen Medicinern boten noch bis zum 31. Juli 1870: 18 gewesene Militärärzte, 4 Professoren, 105 approbirte Aerzte einschliesslich 5 Oesterreicher, 13 Aerzte 2. und 3. Kl. und 24 Studirende der Medicin (einschl. 1 Schweizers und 2 Oesterreicher), zusammen 164 ärztliche Kräfte, ihren Beistand an.

Diese sowie die nach dem 1. August sich zur Verfügung stellenden 84 approbirten Aerzte, 12 Aerzte 2. und 3. Kl. und 32 Studirenden der Medicin wurden theils im immobilen Verhältnisse verwendet, theils füllten sie die noch bestehenden und während Kriegsdauer zu erwartenden Lücken des Sanitätskorps, — und konnte somit, da einschliesslich des Sanitätskorps über 500 ärztliche Kräfte dienstbereit waren, der Bedarf als gedeckt betrachtet werden.

Die Mobilisirung des Sanitätsdienstes leiteten für die Heimath (zunächst für die Besetzung der Garnison-Lazarethe mit Civilärzten, Zutheilung letzterer an die Ersatztruppen, dann Einrichtung der Reserve-Lazarethe) der stellvertretende Korpsarzt im Vereine mit der stellvertretenden Korps-Intendantur, für das Feld der Feldkorpsarzt in Verbindung mit der Feld-Intendantur und dem Train-Bataillon.

Die Vertheilung der Aerzte im mobilen Armeekorps und zwar in den dirigirenden Stellen und den Sanitätsanstalten war folgende:

Dirigirende Aerzte:

Korpsarzt: Generalarzt 1. Kl. Dr. Roth
        Assistent: Stabsarzt Dr. Ziegler
Konsultir. Aerzte: Generalarzt u. geh. Medic.-Rath Prof. Dr. Thiersch
        =   = = Braune
        =   = = Schmidt
deren Assistenten: Unterarzt Richter
                      = Hecht
                      = v. Weber
Feldlazarethdirector: Oberstabsarzt Reichel
Divisionsarzt der I. Infanterie-Division Nr. 23: Oberstabsarzt Pohland
     =   = II.   =   =   = 24:   =   Hennicke.

Sanitäts-Detachements:

Nr. 1 unter Hauptmann Wehrhan:
    1. Stabsarzt: Stabsarzt Dr. Brückner
    2.   =   : Assistenzarzt Dr. Benndorf
    Assistenzärzte: DD. Sauer, Lange, Albin Müller.
Nr. 2 unter Hauptmann Weinhold:
    1. Stabsarzt: Stabsarzt Dr. Tietz
    2.   =   : Assistenzarzt Dr. Becker
    Assistenzärzte: DD. Facilides, Käppler, Goldschmidt,
                    Ahlfeld, Unterarzt Urwan.
Nr. 3 unter Hauptmann Hörnig:
    1. Stabsarzt: Stabsarzt Dr. Druschky
    2.   =   : Assistenzarzt Dr. Schalle
    Assistenzärzte: DD. Schelzel, Liebmann, Hofmann,
                    Prengel, Unterarzt Bardeleben.

Feldlazarethe:

Nr. 1 Chefarzt: Oberstabsart Dr. Pfotenhauer
     Stabsarzt: Assistenzarzt Dr. Thieme
     Assistenzärzte: Unterärzte A. Leopold, Dr. Walther-Lehmann,
                     Dr. Credé.
Nr. 2 Chefarzt: Oberstabsarzt Niebergall
     Stabsarzt: Stabsarzt Dr. Rietschler
     Assistenzärzte: Dr. Tillmanns, Unterärzte Sturm, Unruh.
Nr. 3 Chefarzt: Oberstabsarzt Dr. Mancke
     Stabsarzt: Stabsarzt Dr. Meyer II
     Assistenzärzte: Dr. Joseph, Unterärzte Dr. Flechsig,
                                Freymuth.
Nr. 4 Chefarzt: Oberstabsarzt Dr. Schady
     Stabsarzt: Assistenzarzt Hubert
     Assistenzärzte: Unterärzte Kämnitz, Dr. Meye, Pietzschke.
Nr. 5 Chefarzt: Oberstabsarzt Dr. Tanner
     Stabsarzt: Stabsarzt Dr. Hellge
     Assistenzärzte: Dr. Mossdorf, Unterärzte Dr. A. Müller,
                               Mehlhos.

Nr. 6 Chefarzt: Oberstabsarzt Dr. Needon
Stabsarzt: Assistenzarzt Dr. Stecher
Assistenzärzte: Unterärzte Sonnenkalb (seit 11. August), Schreyer, Osterloh.
Nr. 7 Chefarzt: Oberstabsarzt Dr. Lehmannbeer
Stabsarzt: Stabsarzt Dr. Schmidt
Assistenzärzte: Dr. Schubert, Unterärzte H. Müller, Kaulfers.
Nr. 8 Chefarzt: Oberstabsarzt Dr. Klepl
Stabsarzt: Assistenzarzt Dr. Benndorf II
Assistenzärzte: Dr. Schletter, Unterärzte Schwark, Oehme.
Nr. 9 Chefarzt: Oberstabsarzt Bennewitz
Stabsarzt: Assistenzarzt Dr. Donau
Assistenzärzte: Dr. Hartenstein, Unterärzte Haupt, Facinus.
Nr. 10 Chefarzt: Stabsarzt Dr. Klien
Stabsarzt: Assistenzarzt Dr. Prengel
Assistenzärzte: Dr. Albert Müller, Dr. Fischer, Unterarzt Brode (seit 10. Sept.).
Nr. 11 Chefarzt: Stabsarzt Dr. Beyer
Stabsarzt: Stabsarzt Dr. Schlesier
Assistenzärzte: Dr. Ochernal, Unterärzte Krause, Escher.
Nr. 12 Chefarzt: Stabsarzt Christner
Stabsarzt: Assistenzarzt Dr. Viek
Assistenzärzte: Dr. Elb, Unterärzte Feige, Dr. Delitzsch.

Lazareth-Reserve-Personal (jetzt Kriegs-Lazareth-Personal):
1. Abtheilung Chefarzt: Stabsarzt Dr. Frölich
Assistenzärzte: Dr. Löwel, Dr. Rossberg, Unterarzt Reichel.
2. Abtheilung Chefarzt: Stabsarzt Dr. Güntz
Assistenzärzte: Dr. Pierson, Unterärzte Hennecke, Dieterici.
3. Abtheilung Chefarzt: Stabsarzt Dr. Jacobi
Assistenzärzte: Dr. Brause, Unterärzte Jähne, Dr. Klemm.

Nach der Mobilisirung, welche für die 3 Sanitätsdetachements, für 8 Feldlazarethe und für das Lazareth-Reserve-Personal am 24. Juli und für 4 Feldlazarethe am 26. Juli beendet war, begab sich der Feldkorpsarzt am 30. Juli auf den Marsch nach Mainz. —

Die Vereine der freiwilligen Krankenpflege — der internationale Hilfsverein und der Albertverein — traten ebenfalls vom 1. Tage der Mobilisirung an in volle Thätigkeit. Beide Vereine vereinigten sich zu einem nach aussen einheitlich vertretenen Ganzen unter Leitung der damaligen Kronprinzessin, jetzigen Königin von Sachsen. Ein Mitglied dieses Vereins wurde zum deutschen Centralkomité nach Berlin abgeordnet, während ein anderes vom Bundeskommissar der freiwilligen Krankenpflege Fürsten Pless zum Landesdelegirten für Sachsen ernannt wurde.

Der Verein erliess schon am 13. Juli einen Aufruf zur Bildung von Zweigvereinen und zu Sammlungen von Geld, Leib- und Bettwäsche, Verband- und Erquickungs-Mitteln etc. Der Erfolg war ein grossartiger. Vereine und Genossenschaften, unter welchen sich die Johanniter, die Felddiakonen, die Diakonissenanstalt etc. hervorthaten, wetteiferten mit den Privatpersonen begeisterungsvoll, sich den grossen Zwecken dienstbar zu machen.

Nachdem die Mobilisirung des Armeekorps durchgeführt, wurde dasselbe vom 1. August 1870 an Bestandtheil der 2. Armee, deren Oberbefehl Prinz Friedrich Carl von Preussen führte und deren Sanitätsdienst der königlich preussische Generalarzt Dr. Löffler leitete. Der *Vormarsch* des Armeekorps in der Zeit vom 1. bis 10. August durchschnitt das Gebiet von Mainz bis Habkirchen an der Blies unter grosser Hitze und bei starken Regengüssen, deren ungünstiger Einfluss durch häufige Biwaks vergrössert wurde. Für die Verpflegungsweise galt der Grundsatz, dass vor allem die natürlichen Hilfsmittel des zeitweiligen Aufenthaltes mittelst Quartier-Verpflegung und Requisition benutzt und auf die militärischen Magazine erst an letzter Stelle zurückgegriffen wurde.

Die Erfordernisse der Gesundheitspflege wurden von Haus aus sorglichst beachtet, indem an die Militärbehörden gedruckte Bemerkungen betreffend Behandlung und Transport des Viehes und Fleisches vertheilt, auf dem Marsche von jeder Kompagnie bestimmte Leute mit dem Wasserholen aus naheliegenden Brunnen beauftragt, die Tornister der Infanterie so oft angängig auf leeren Wagen nachgeführt, schädliche Nahrungsmittel, besonders unreife Kartoffeln verboten, die von Ruhrkranken bewohnten Häuser gemieden und abgesperrt wurden, und indem endlich von dem den Korpssanitätsdienst leitenden Korpsarzt, Generalarzt 1. Kl. Dr. Roth, an die wichtigsten gesund und schlagfertig erhaltenden Maassregeln noch besonders erinnert wurde.

In dieser Zeit (1. August-Dekade) erkrankten 1345 Mann, also 3,3 Proc. des damals durchschnittlich 40500 Mann starken Armeekorps. Einen erheblichen Antheil hieran hatten die Krankheiten, welche als unmittelbare Wirkungen des Marsches beobachtet zu werden pflegen. Der 7. Theil (197) der Erkrankten war syphilitisch. Gastrische Fieber, Typhus und Ruhr waren bereits mit 40 bez. 10 bez. 14 Fällen vertreten. Gestorben sind während der Zeit des Vormarsches 6 Mann, so dass das Armeekorps, wenn man die in der Zeit der Mobilisirung vorgekommenen Todesfälle hinzuzählt, bis 10. August überhaupt einen Verlust von 10 Todten gehabt hat, von welchen 5 durch Krankheit, 4 durch Verunglückung und 1 durch Selbstmord geendet hatten.

Die Leichtkranken wurden, nöthigenfalls mittelst Vorspannes, mitgeführt, wenn sie voraussichtlich in wenigen Tagen wieder kampffähig wurden. Ebenso wurden die Krätzigen bei der Truppe behandelt. Die übrigen aber und besonders die Syphilitischen wurden an die nächsten Garnison-Lazarethe abgegeben; und solche Kranke, welche vermuthlich kürzestens 3 Wochen krank blieben, wurden nach der Heimath zurückgesendet.

Durch den Eintritt der Schlachten nahm der Feld-Sanitätsdienst eine andere, ernstere Gestalt an. Neben den Verwundeten, welche die Schlachten bei St. Privat am 18. August, die Beschiessung von Verdun am 24. August, die Gefechte bei Buzancy und Nouart am 27. und 29. August, sowie die Schlacht bei Beaumont am 30. August lieferten, nahmen die Seuchenkranken, namentlich Typhöse und Ruhrkranke überhand. Im September kamen die Verwundeten der Schlacht von Sedan am 1. September hinzu, der Typhus nahm beträchtlich zu, aber die Ruhr verlor in diesem Monat an Häufigkeit. Im 4. Vierteljahr d. J. 1870 wurden abgesehen von Ausfalls- und Vorposten-Gefechten vor Paris hier namentlich die Schlachten bei Villiers am 30. November und 2. December geschlagen, an welchen wiederum das 12. Armeekorps hervorragenden Antheil hatte. Der Typhus, welcher im Anfang October etwas nachliess, vermehrte sich weiterhin wieder, um erst vom November an seltner zu werden. Den ersten und überhaupt bedeutendsten Höhepunkt erreichte der Typhus in der 3. September-Dekade, und den zweiten minder beträchtlichen Höhepunkt in der 3. October-Dekade. Die Ruhr hingegen war insofern dem Typhus vorausgeeilt, als sie schon in der 1. September-Dekade ihren ersten Höhepunkt erreicht hatte und in der 3. October-Dekade, nachdem sie Ende September erheblich abgenommen hatte, zugleich mit dem Typhus den zweiten ebenfalls geringeren Höhepunkt erstieg, um nun im November mit dem Typhus allmälig abzunehmen. Wenn die Belagerung von Paris die Ausbreitung von Seuchen gefördert hat, so ist dieser Einfluss zeitiger für den Typhus als für die Ruhr zur Geltung gekommen und hat für beide in steigernder Weise nur 5 Wochen gedauert. Man kann indess die Ursache des Häufigkeitsverhältnisses der erwähnten Seuchen auch so auffassen, dass man annimmt, es sei die grösste Häufigkeit des Typhus am Ende Septembers ausser Zusammenhang mit der Belagerung von Paris, und vielmehr durch die schon Anfang und Mitte Septembers stattgefundenen typhösen Ansteckungen bedingt gewesen.

Dann würde der Einfluss der Belagerung auf die Vermehrung von Typhus und Ruhr ein gleichzeitiger in die Mitte Octobers fallender und ein 3 bis 4 Wochen nach der beginnenden Belagerung von Paris wahrnehmbarer geworden sein.

Im Anfange des Jahres 1871, dem Ende des Feldzugs, gestalteten sich die Gesundheitsverhältnisse des Armeekorps völlig befriedigend, indem das Erkrankungsverhältniss meist 2 Proc. und wenig darüber betrug. Verwundungen, zu welchen bei Paris nur noch Vorpostengefechte und bei der nördlich abgezweigten Kavallerie-Division namentlich die Schlacht bei St. Quentin am 19. Januar Gelegenheit gaben, betrugen im Ganzen nicht viel über 100, und Typhus und Ruhr kamen nicht mehr in bedrohlicher Ausbreitung vor.

Betrachtet man nun die Gesammtheit der bis Ende Juni 1871 *in die Lazarethpflege* des Feldes und der Heimath *gelangten Verwundungen* und Erkrankungen des ganzen Feldzugs 1870/71 statistisch, so wird ersichtlich, dass 4773 verwundete Mannschaften (einschl. 10 Lazarethgehilfen) und 162 verwundete Offiziere (einschl. 1 Sanitäts-Offizier) in die Lazarethe aufgenommen worden sind, dass ferner von ersteren 704 = 14,75 Proc. und von den Offizieren 32 = 19,75 Proc. gestorben sind. Auf dem Schlachtfelde gefallen sind ausserdem 915 Mann (einschl. 1 Lazarethgehilfe) und 53 Offiziere (einschl. 1 Sanitäts-Offizier), — so dass die Gesammtsterblichkeit durch Kriegswaffen sich mit *1704* beziffert.[1]

Was die Art der Kriegswaffen anlangt, welche die Verwundungen gesetzt haben, so sind die durch *Gewehrschuss* die überwiegenden, und zwar sind sie 13 mal so häufig gewesen als die Wunden durch Granatschuss. Stichwunden und Hiebwunden sind zusammen während des Feldzugs nur in der Zahl von 48 vorgekommen.

Was die wegen *Krankheiten* bis Ende Juni 1871 in die Lazarethe des Feldes und der Heimath Aufgenommenen anlangt, so hat sich die Zahl derselben für die mobilen Mannschaften auf 23378 (einschl. 126 Lazarethgehilfen und 107 Krankenwärter) belaufen, für die Offiziere 212 (einschl. 58 Aerzte) und für die Beamten auf 16. Gestorben sind von den Mannschaften 967 (einschl. 4 Lazarethgehilfen und 14 Krankenwärter) d. i. über 4 Proc. der Erkrankten, von den Offizieren 5 = 2,4 Proc. und von den Beamten 2 = 12,5 Proc. Die Sterblichkeit durch Krankheit hat somit sich auf 974 Fälle (ausschl. 20 Selbstmorde und 24 Verunglückungen) beschränkt, wäh-

---

[1] Die abweichenden Ziffern der Tabelle 31 des II. Bandes des Deutschen Kriegs-Sanitäts-Berichtes erklären sich durch die dortige Hinzunahme der bei den Truppen verbliebenen Verwundeten und der Vermissten. — H. Fr.

rend nach Vorerwähntem die Waffen 1704 Todesfälle verursacht haben. Von wichtigeren Krankheiten sind an dem Lazareth-Krankenzugange betheiligt und zwar die Pocken mit 252 Krankheitsfällen einschl. 28 = 11 Proc. Todesfällen, die typhösen Erkrankungen unter Einrechnung des gastrischen Fiebers mit 4973 Krankheits- einschl. 622 = 15 Proc. Todesfällen, die Ruhr mit 1444 Krankheits- einschl. 105 = 7,3 Proc. Todesfällen, die Krankheiten der Athmungsorgane mit 2609[1]) Zugängen einschl. 110 = 4,2 Proc. Todesfällen, die Krankheiten der Ernährungsorgane mit 3688 Erkrankungen und 33 = noch nicht 1 Proc. Sterbefällen, die venerischen Krankheiten mit 2068[1]) Erkrankungen ohne Todesfall, endlich Wundlaufen und Wundreiten mit 644 Erkrankungen ebenfalls ohne Todesfall. Der ungünstigste Monat ist mit ziemlich 4000 Erkrankungen der September gewesen; über 3000 Erkrankungen hatte nur noch der August und December 1870.

Die Pflege und Behandlung der im Vorausgehenden statistisch betrachteten Erkrankten und Verwundeten vollzog sich im Felde in den hierfür zu Gebote stehenden Feld-, Etappen- und stehenden Kriegs-Lazarethen des Feldheeres. Diese *Lazarethe* des 12. (k. s.) Armeekorps haben in den verschiedenen Perioden des Krieges folgende Arbeitsleistungen wahrnehmen lassen:

Anlass	Zahl der Lazarethe	Arbeitstage	Kranken-Aufnahme	Gestorben
Schlacht bei St. Privat	7	130	2217	151 = 6,8 %
Schlachten Ende August ...	2	19	481	20 = 4,2 =
Schlacht bei Sedan	3	115	1619	134 = 8,5 =
Belagerung von Paris	11	1375	12051	387 = 3,2 =
Besetzung Frankreichs	12	1190	3509	25 = 0,7 =
		2829	19877	717 = 3,6 %
Zu Etappen- und andern Zwecken	2 Feldlazarethe Kriegslazareth-Personal: 3 Abtheilungen	140 / 720	2000 / 13005	85 = 4,25 = / 282 = 2,2 =
	(15)	3689	34882[2])	1084 = 3,1 %

Mithin hat jede der 15 Feld-Heilanstalten *durchschnittlich* eine Arbeitsdauer von 246 Tagen gehabt, 2326 Kranke aufgenommen und 76 der letzteren durch Tod verloren.

---

[1]) Die etwas abweichenden Ziffern des Deutschen Kriegssanitätsberichtes II. Bd. 31. Tabelle erklären sich durch die ausschliessliche Berücksichtigung der *Mannschaften* seitens des Berichtes. — H. Fr.

[2]) Die Zahl der Einzelkranken ist geringer; denn viele Kranke sind aus Feldlazarethen in Etappen- und Kriegs-Lazarethe übergegangen. — H. Fr.

Gewissermaassen die Fortsetzung der Arbeit der Feldheilanstalten übernahmen die heimathlichen Reservelazarethe, indem in letztere neben Kranken der immobilen Truppen auch die Kranken der mobilen Truppen übergeführt wurden. An dieser Ueberführung betheiligte sich in der späteren Zeit des Feldzuges u. a. ein sächsischer *Sanitätszug*. Derselbe bestand aus 20 Güterwagen zu je 8 Kranken und aus 4 Materialwagen. Nach der 1. Fahrt, die am 25. November 1870 begann und am 18. December endete, wurden an Stelle eines Güterwagens drei durchgängige Wagen 4. Kl. zu je 10 Kranken zur Verfügung gestellt, so dass der Sanitätszug nunmehr 182 Kranke aufnehmen konnte. Die 2. Fahrt desselben dauerte vom 9. Januar 1871 bis 2. Februar; die 3. Fahrt vom 12. Februar bis 27. Februar; die 4. vom 3. März bis Mitte März; endlich wurden am 13. Juli 1871 nur vorübergehend 8 Wagen des Sanitätszuges zur Rückbeförderung französischer Kranken verwendet.

Für die Errichtung der *Reserve-Lazarethe* der Heimath hatte man schon vor dem Feldzuge, wie erwähnt, auf die Gewinnung von 5000 Lagerstätten Bedacht genommen. So hoch auch die Zahl gegriffen, genügte sie dem Andrange der Kranken und Verwundeten nicht — so dass die Lagerstätten im September 1870 um 560 und in der folgenden Zeit noch um 916 vermehrt werden mussten.

Die Arbeitsdauer der 13 Reserve-Lazarethe — ausschl. der Garnison-Lazarethe — hat insgesammt 2946 Tage betragen und sich auf 32518 Krankenaufnahmen erstreckt. Mithin hat jedes der 13 Reserve-Lazarethe *durchschnittlich* 227 Tage gearbeitet und 2501 Kranke und Verwundete aufgenommen.

Stellt man den Ziffern-Ausdruck dieser heimathlichen Krankenpflege demjenigen der Feld-Krankenpflege gegenüber, so erhält man folgendes Bild:

Heilanstalten:	Arbeitstage:	Krankenaufnahme:
15 Feldheilanstalten	3689	34882
13 Reserve-Lazarethe	2946	32518 [1]

Nicht unwichtig erscheint es, den Verlusten des Armeekorps, welche dasselbe durch Verwundung, Krankheit und Tod erlitten hat, diejenigen hinzuzufügen, welche nachmals durch Invalidität d. h.

---

[1] Diese Zahl übersteigt die im Vorausgehenden für alle in die Lazarethe des Kriegsschauplatzes und der Heimath aufgenommenen Kranken angegebene Zahl, weil in obiger diejenigen Kranken wiederholt gezählt sind, welche aus einem Reserve-Lazareth in das andere übergeführt worden sind, und weil in ihr auch immobile Mannschaften enthalten sind. — H. Fr.

durch dienstlich verursachte Dienstunbrauchbarkeit entstanden sind. Hierauf bezüglich ergiebt die Statistik, dass vom 20. Juli 1870 bis Ende 1878[1]) 2496 Militärpersonen invalidisirt worden sind, und zwar 169 Offiziere, 41 Militärärzte, 2273 Mannschaften und 13 Beamte. Unter diesen befanden sich 1741, deren Diensttauglichkeit durch Kriegswaffen herbeigeführt worden war, während, um die Betheiligung nur der wichtigeren Krankheiten hervorzuheben, Typhus und gastrisches Fieber mit 86 Fällen und Ruhr mit 19 Fällen betheiligt sind. Die Abnahme dieser Invalidenzahl während der oben bezeichneten Zeit gestaltete sich so, dass 246 Invaliden starben, 11 wieder dienstfähig wurden und 13 anderweit ausschieden, so dass Ende 1878 die Ziffer dieser Militärpersonen bereits auf 2226 herabgegangen war.

Aus diesen, wenn schon skizzenhaften, Umrissen des Sanitätsdienstes im Feldzuge 1870/71 geht dem Unbefangenen hervor, inwieweit dieser Dienst den an ihn gestellten Anforderungen entsprochen hat. Ein anerkennendes Urtheil hierüber dürfte einem Arzte nicht ziemen, und beschränke ich mich desshalb auf die Wiedergabe des Eindruckes, welchen der grosse Generalstab des deutschen Feldheeres von diesem Dienstzweige gewonnen und öffentlich (Heft 20 des Generalstabswerks) zur Kenntniss gebracht hat, indem er bekennt:

„Das Deutsche Militär-Sanitätswesen hat sich während des Feldzuges nach den verschiedensten Richtungen hin wohl bewährt; die vorbeugende und Hilfe bringende Thätigkeit der Aerzte hat in hohem Grade zur Erhaltung der Schlagfertigkeit und dadurch mittelbar zu den Erfolgen der deutschen Waffen beigetragen. In allen Kreisen der Armee ist der selbstverleugnenden Hingebung des gesammten Sanitätspersonals die wärmste Anerkennung zu Theil geworden. Nicht wenige jener Männer sind in treuer Berufserfüllung dem feindlichen Feuer oder den Seuchen zum Opfer gefallen, aber Tausende von Kranken und Verwundeten, Deutsche wie Franzosen, danken ihr Leben der ihnen von denselben dargebrachten Hilfe." —

Werfen wir zum Schlusse noch einen Rückblick auf den Ausbau, welcher sich in der 2. Hälfte dieses Jahrhunderts für die Friedensseite der sächsischen Militär-Sanitäts-Verfassung vollzog, so ist folgender Vorkommnisse zu gedenken.

---

1) Für Ausrechnung procentuarischer Verhältnisse sei erwähnt, dass den Feldtruppen bis Anfangs März 1871 82 Offiziere und 11228 Unteroffiziere und Mannschaften nachgesendet worden sind, so dass überhaupt von Sachsen 1102 Offiziere, Aerzte und Beamte und 56272 Mannschaften am Feldzuge theilgenommen haben (vgl. Generalstabswerk). — H. Fr.

Krankenverpflegung
in der 2. Hälfte des 19. Jahrhunderts.*)

Das seit 1838 in Dresden vorhandene Garnison-Lazareth wurde 1850 durch den Neubau eines Flügels auf einen Belegraum für 600 Kranke erweitert, und 1869 wurde, unter Beibehaltung dieses Flügels als Verwaltungsgebäudes, der am Elbufer gelegene Theil durch ein neues für 400 Kranke bestimmtes Haus ersetzt.

Mit dem seit 1873 in die Verwirklichung tretenden Plane, die an der Nordseite von Dresden-Antonstadt sich hinziehenden bewaldeten Höhen in eine 150 ha umfassende Bauebene zu verwandeln, um auf ihr sämmtliche Garnisonanstalten Dresdens zu errichten, verband man die Absicht, auch ein den wissenschaftlichen Anforderungen der Neuzeit entsprechendes Garnison-Lazareth herzustellen. Diese neue Kranken-Unterkunft ist fertig gestellt worden und stellt sich als ein gemischter, mit Benutzung mehrerer Systeme vollführter Bau dar. Derselbe nimmt mit Einschluss des anstossenden Parks einen Flächenraum von 200 a ein und hat einen Kostenaufwand von 2000 Mark für je 1 Bett durchschnittlich beansprucht. Er setzt sich zusammen aus einem Korridor-Lazareth für 252 Leichtkranke mit Krankenstuben zu 4, 8 und 10 Betten und mit Wohnung für 50 Lazarethgehilfen, aus 2 Pavillons für zusammen 136 Schwerkranke und aus 2 Isolirhäusern mit zusammen 36 Betten für ansteckende Kranke. Im Korridor-Lazareth entfallen auf das Bett durchschnittlich 31,5 cbm, in den Pavillons 44 cbm und im Isolirhause 60 cbm Raum. Die Beleuchtung der ganzen Anlage geschieht durch Gas, Heizung und Lüftung nach dem System von Kelling und die Beseitigung der Abfälle nach dem von Süvern. Ausser den Krankenräumen besitzt das Garnison-Lazareth ein Verwaltungsgebäude, welches die Geschäftszimmer, die Korps-Apotheke, die Dispensiranstalt des Garnison-Lazareths, die Räume für den militärärztlichen Fortbildungs-Kursus, die Wohnungen für die Organe der Verwaltung, den Chefarzt und Apotheker, sowie das Kasino des Sanitäts-Offizierskorps enthält.

Die Einzelheiten der Kranken-Verpflegsweise richten sich nach dem Friedens-Lazareth-Reglement von 1852 mit seinen Nachträgen.

Die Arzneimittel insbesondere werden für alle Kranken aus der Militär-Apotheke bezogen. Dieselbe ist 1814 gegründet worden und hat ihre erste Unterbringung in jenem Lazarethgebäude (S. 38) an der Bürgerwiese, welches nach Auflösung der Garde du Corps verfüglich geworden war, später aber und bis jetzt in den Räumen des

---

*) Fortsetzung zu Seite 88.

Garnison-Lazareths Dresden gefunden. Für die etatsmässig verfüglichen Arzneimittel besteht schon frühzeitig ein besonderes Militärarzneibuch (Pharmacopoea militaris). Das älteste ist meines Wissens die „Pharmacopoe für die königlich sächsischen Feldspitäler. Nebst einem Anhange der in den k. k. französischen Spitälern üblichen Mittel." Dresden 1812. kl. 8. 110 S. Ein späteres datirt vom J. 1841. Gegenwärtig sind hierfür die Arznei-Verpflegungs-Instruction v. J. 1874 und die Pharmacopoea germanica massgebend.

In den Bestimmungen über die Bedürfnisse des Bundes-*Kriegs*heeres v. J. 1860 bezieht sich folgendes auf die Krankenverpflegung: „Die Bundeskontingente müssen mit den nöthigen Truppenärzten und mit den auf den 10. bis 12. Theil der Kriegsstärke bemessenen beweglichen Feldhospital-Einrichtungen versehen sein. Die Aufnahmespitäler (leicht bewegliche oder fliegende) bilden den 4. Theil der ganzen Hospitaleinrichtung; sie haben eine fahrende Abtheilung nächst dem Kampfplatze, welche die Kranken mit eignen- oder Land-Fuhrwerken in das Aufnahmehospital fährt. Die Haupt-Feldhospitäler (schwer bewegliche) sind auf $^3/_4$ der ganzen Hospitaleinrichtung zu bemessen und folgen den Truppen in grösserer Entfernung. Reichen die Haupthospitäler nicht mehr aus, so werden vom Bunde an gesicherten Punkten stehende Feldhospitäler für alle Kontingente errichtet." Gegenwärtig ist die Feld-Krankenverpflegung durch die Kriegs-Sanitätsordnung von 1878 geregelt.

Ergänzung und wissenschaftliche Erziehung des Sanitäts-Personals in der 2. Hälfte des 19. Jahrhunderts.*)

Mit der bereits berichteten Aufhebung der chirurgisch-medicinischen Akademie war das Heer der Hauptquelle für die Ergänzung des Sanitätskorps beraubt, während das letztere, wie es schien, specifischer Vorbildung fernerhin entbehren sollte. Besonders im Hinblicke auf den zu befürchtenden Mangel an Militärärzten galt es der Militärverwaltung, einen Ersatz für die Akademie zu ersinnen; und so wurde namentlich im Jahre 1860 hierüber durch Einziehung von Gutachten Betheiligter eingehende Vorerörterung gepflogen, insbesondere gelangten die Gutachten der medicinischen Facultät zu Leipzig und des Generalstabsarztes zur Vorlage. Diese Gutachten stimmten, so weit sie die Ausbildungsfrage betrafen, in der Hauptsache mit einander überein; mindestens befürwortete man beiderseits, dass eine specifisch militärärztliche Ausbildungsgelegenheit auch fort-

---
*) Fortsetzung zu Seite 97.

hin gewährt werden müsse, dass die jungen Militärärzte (und zwar betonte dies vornehmlich die generalstabsärztliche Darlegung) nach ihren Universitätsstudien und ihrem Eintritte in das Heer zunächst in dem grössten Garnison-Lazareth des letztern für ihren Sonderberuf in der Operationslehre und Chirurgie, in der Kriegsmedicinalpolizei und der Kriegshygiene unterrichtet werden; dass dieselben in einer gewissen Anzahl von Zeit zu Zeit an die Universität zurückbefehligt werden; dass man für die Herstellung wissenschaftlicher Arbeiten, für Preisausschreiben Sorge trage, und dass man immer drei bis vier tüchtige Aerzte zu einem etwa im Kriegszustande befindlichen fremden Heere entsende.

Das Interesse der Heeresverwaltung war selbstverständlich zumeist und zunächst auf die *numerische* Ergänzung des Sanitätskorps gerichtet, und sie dachte in der Errichtung von Militärstipendien an der Universität Leipzig diesem Interesse zu entsprechen, obschon die Facultät sich gegen das Militärstipendiatenwesen aussprach und dafür sich für eine Verbesserung der militärärztlichen Laufbahn verwendete. In der That wurden an zwölf Baccalaureen der Medicin gemäss der Verordnung vom 10. August 1861 monatlich je 40 Mark während dreier Jahre unter der Bedingung gewährt, dass die bei der Rekrutirung zum Waffendienste tüchtig befundenen dafür acht, die untüchtigen sechs Jahre als Militärärzte zu dienen hatten.

Die Zahl der Militärstipendiaten betrug bis zum 30. Juni 1870, bis wohin diese Einrichtung bestand, überhaupt 35. Von ihnen traten 28 als Aerzte in den Dienst, und zwar: 20 nach erhaltener Doctorwürde sofort als Assistenzärzte, 6 erlangten den Grad eines Assistenzarztes erst später, 1 starb als charakterisirter Assistenzarzt, 1 wurde als Unterarzt pensionirt.

Von den 28 Eingetretenen thaten 24 ihrer Dienstpflicht Genüge. (Bei vorstehenden Zifferangaben bleiben diejenigen Militärstipendiaten, die aus der erwähnten Dresdner Akademie übernommen wurden, ausser Betracht, ebenso einige vor dem 10. August 1861 unter abweichenden Bedingungen gewährte Stipendien.) Die Verlustziffer der Stipendiaten betrug demnach 11 von 35 oder 34,3 Proc. Auch qualitativ genügte diese Ergänzungsweise des Sanitätskorps nicht; denn der Umstand, dass die Stipendiaten schon als Baccalaureen d. h. als sie eben im Begriffe standen, das Studium der eigentlichen Heilwissenschaft zu beginnen, angenommen wurden, führte eine Menge, von dieser Wissenschaft später nicht befriedigter oder für sie nicht geeigneter Leute herzu. Nach der Bestimmung sollten zwar nur Solche genommen werden, welche die früheren Prüfungen vorzüglich oder mindestens gut bestanden hatten; da aber die ganze Einrichtung bei den Studirenden nicht beliebt war, so mussten, sollte nicht die Mehrzahl der Stipendien unvergeben bleiben, alsbald auch Baccalaureen angenommen werden, die nur mit vieler Mühe durch die Vorprüfung gekommen waren. Letztere Studirende vermochten natürlich auch die übrigen Prüfungen nicht in der gewährten Frist von drei Jahren zu bestehen, so dass einzelne Stipendiaten anstatt der vorgesehenen 1440 Mark, thatsächlich bis über 2000 Mark dem Fiscus zu stehen kamen.

Wie unzureichend sich sonach die numerische Ergänzung des Sanitätskorps seit der Auflösung der Akademie gestaltete, so wenig fanden auch die Wünsche der betheiligten Fachkreise nach einer *specifischen* Ausbildung von Militärärzten, wie sie letztere die Akademie gewährt hatte, ihre volle Erfüllung. Denn man begnügte sich damit (K. M. V. vom 5. August 1864), 600 Thaler für in jedem Winterhalbjahre in Dresden abzuhaltende Operationsübungen an Leichen zu bewilligen. Das Ausbildungsziel wurde durch das „Regulativ über die Bedingungen zum Aufrücken vom Assistenzarzte zum Bataillonsarzte" vom 1. November 1865 begrenzt, insofern es im § 6 und § 7 dieses Regulatives hiess, wie folgt: „Bei der Prüfung über *operative Chirurgie* ist dem Aspiranten zur Aufgabe zu stellen, am Leichnam eine kleine Operation sofort, eine grössere aber nach 3—5 tägiger Vorbereitung vorzunehmen." „Vor Ausführung der grösseren Operation hat jeder Aspirant die Indicationen, Contraindicationen, die hauptsächlichsten Methoden und wenn er will, auch die Geschichte der ihm zugefallenen Operation kurz auseinanderzusetzen und mitzutheilen. Bei der Ausführung der Operationen unterstützen sich die Aspiranten gegenseitig, auch ist der bei dem Operationskursus angestellte Assistent, welcher die Instrumente besorgt, dazu verpflichtet. Nach der Operation ist der Verband kunstgerecht anzulegen."

Eine Ausbildung in anderen militärärztlichen Wissens- und Kunstzweigen war nicht vorgesehen, obschon § 8 des vorerwähnten Prüfungs-Regulativs folgendes festsetzte: „Die Prüfung über *Kriegshygiene* ist mündlich und wird nach Bestimmung des Generalstabsarztes von diesem selbst oder von einem anderen Mitgliede der Prüfungs-Commission vorgenommen. Sie erstreckt sich nach Wahl des Examinators auf Rekrutirung, Wohnung, Kleidung und Nahrung der Soldaten (Echtheit, Verfälschung und Verderbniss der Nahrungsmittel), Hospitalwesen im Frieden und im Kriege, das Leben des Soldaten auf dem Marsche, im Lager, Bivouak, in der Festung, sowie auf

Invalidisirung. Auch die Bestimmungen der Reglements, der allgemeinen wichtigen Verordnungen und Ordres können in den Kreis der Prüfung gezogen werden." Es waren also die Militärärzte auf dem Gebiete der Militärgesundheitspflege, der Militärmedicinal-Verfassung etc., so gut es ging auf Selbstbelehrung angewiesen.

Einer höheren allgemein-medicinischen Fortbildung einzelner jüngerer Aerzte leistete das Kriegsministerium insofern Vorschub, als es im Januar und März 1868 anordnete, dass zwei sich freiwillig zu einer ein- oder zweijährigen Assistenz in den klinischen Anstalten zu Leipzig meldenden Assistenzärzten auf Dauer des Kommandos das Tractement fortzubelassen, dass ihnen entsprechend dem Anerbieten des Stadtrathes zu Leipzig freie Wohnung und Beköstigung und gemäss dem Beschlusse des Kultusministeriums eine jährliche Remuneration von 200 Thalern zu gewähren sei, und dass denselben die Kommandozeit als Dienstzeit angerechnet werden sollte.

Für die vollkommenere *militär*ärztliche Fortbildung der Militärärzte verordnete das königl. Kriegs-Ministerium am 30. Juni 1870[1]) unter Aufhebung der Militär-Stipendien für Studirende an der Universität Leipzig folgendes: „Um dem Sanitätskorps Gelegenheit zu geben, sich in jeder Beziehung auf der Höhe der Wissenschaft zu erhalten und der Armee auch fernerhin in bewährter Weise zu nützen, hat das königl. Kriegs-Ministerium die Fonds zu militärärztlichen Kursen genehmigt, welche den Mitgliedern des Sanitätskorps periodisch Gelegenheit zur weiteren Vervollständigung ihrer Kenntnisse zu geben bestimmt sind und namentlich die nicht mit Unkosten verbundene Erleichterung bieten sollen, sich von den Fortschritten der Zeit auf wissenschaftlichem Gebiete unterrichten zu können. Diese Vorlesungs-Kurse sind in jedem Jahre vom 1. October bis zum 1. Februar des folgenden Jahres in Dresden abzuhalten und haben sich auf 1) Operationsübungen an der Leiche, 2) pathologische Sectionen, 3) Augenuntersuchungen, 4) Untersuchungen des Gehörorgans, 5) Vorträge über praktische Gesundheitspflege, die Untersuchung des Wassers, der Luft und der Nahrungsmittel, 6) theoretische Vorträge über Hygiene zu erstrecken; auch wird damit ein Reitkursus verbunden werden etc."

Die bis jetzt alljährlich wiederholten Kurse, welche in der Deutschen militärärztlichen Zeitschrift periodisch betrachtet worden sind, haben im Laufe der Zeit Erweiterungen erfahren, so dass der Stundenplan nunmehr folgende Lehrgegenstände aufführt:

Operationsübungen an der Leiche, Sectionsübungen, hygienische

---

[1]) Vgl. „Deutsche militärärztliche Zeitschrift" 1872 Heft 1 S. 7 das Nähere.

Chemie, bacteriologische Demonstrationen, Besichtigungen hygienischer Anlagen, Militär-Gesundheitslehre, Augenuntersuchungen, Ohrenuntersuchungen, innere Militärmedicin, Militär-Medicinal-Verfassung, innere Diagnostik, Traindienst und Reit-Unterricht.

Zur Heranbildung von Assistenten für die Kurslehrer wurden folgende Stellen mit Militär-Assistenzärzten besetzt: die innere, chirurgische und Augen-Klinik der Universität Leipzig, sowie das Reichs-Gesundheitsamt mit je 1 Assistenzarzt, das Stadtkrankenhaus Dresden mit 2 Assistenzärzten. Ausserdem ist seit 1. April 1880 1 Stabsarzt zum Friedrich-Wilhelm-Institut in Berlin befehligt. Diese Stellen sind für die betheiligten Assistenzärzte etc. einerseits mit wissenschaftlichen und pecuniären Vortheilen, andererseits mit einer besonderen Dienstverpflichtung verknüpft.

Endlich wurde auch dem numerischen Ergänzungsbedürfnisse des Sanitäts-Offizierkorps dadurch Rechnung getragen, dass seit 1872 solchen neueintretenden Aerzten, die eine freiwillige mehrjährige active Dienstverpflichtung aufnehmen, eine Studienkosten-Vergütung (300 Mark jährlich) gewährt wird.

Stellung des Sanitäts-Personals
in der 2. Hälfte des 19. Jahrhunderts.*)

Kraft K. M. V. 6138 vom 9. October 1851 wurde für die Zeit vom 1. Januar 1852 ab für den Dienst bei den Ambulancen und Feldhospitälern eine *Sanitätskompagnie* nach Art der kurz vorher im österreichischen Heere errichteten formirt und das ganze ärztliche Personal in ein *Sanitätskorps* vereinigt.

Die Sanitätskompagnie bestand nach Zahl der Ambulancen aus 4 älteren Subaltern-Offizieren, 4 Sergeanten, 15 Korporalen, 4 Signalisten und 220 Sanitätssoldaten einschl. 4 Offiziersdienern — zusammen 247 Mann. Die Offiziere und die Personen aller andern Grade waren womöglich Freiwillige, und hatten die Truppen nur solche Leute für die Sanitätskompagnie zu wählen, welche im 1. Dienstjahre standen und im Exerciren sowie mit dem Gewehr völlig ausgebildet waren. Ausserdem mussten die Leute Empfänglichkeit für die Leiden der Kameraden und einen ruhigen, festen und dabei gutmüthigen Charakter haben. Wegen Diebstahls, Subordinationsvergehens oder unordentlichen Lebenswandels durften sie nicht bestraft sein.

Zur Ausbildung war die Kompagnie unter ihren Offizieren und einer Anzahl Oberärzten jährlich auf 4 Wochen in Dresden unter der Oberleitung des Generalstabsarztes zu vereinigen. Auf die Dauer

---

*) Fortsetzung zu Seite 106.

der Ausbildung war der älteste der Subalternoffiziere Kommandant der Kompagnie, hatte dementsprechende Strafgewalt und leistete in Bezug auf die Ausbildung den Anordnungen des Generalstabsarztes Folge. Nach der Uebung wurden die Sanitätssoldaten soweit wie möglich abwechselnd zur Dienstleistung als Krankenwärter in die Militärhospitäler befehligt und im Uebrigen nur zu der ihnen nöthigen militärischen Ausbildung von der Truppe zum Dienste herangezogen.

Bei eintretender Mobilmachung waren jeder der 4 Ambulancen 1 Offizier, 1 Sergeant, 3 Korporale, 1 Signalist und 41 Sanitätssoldaten einschl. 1 Offiziersdiener, jedem der 3 Feldhospitäler 1 Korporal als Oberkrankenwärter, 16 Sanitätssoldaten als Krankenwärter und 2 Sanitätssoldaten als Köche beigegeben. Der Offizier war Kommandant der Ambulance.

Zur Unterscheidung erhielten die Offiziere, Unteroffiziere und Soldaten der im Frieden vereinigten oder im Felde verwendeten Sanitätskompagnie statt der Brigadezeichen rothe Stützchen von Rosshaaren, sowie eine Binde von rothem Tuch um den linken Arm mit den von schwarzem Tuche darauf gesetzten Buchstaben S. C., welche auch über dem Mantel zu tragen war.

Das neu errichtete *Sanitätskorps* bestand aus allen Ober- und Unterärzten; der Generalstabsarzt war der Director desselben, und die Aerzte erhielten die ihren Dienststellen entsprechenden Bezeichnungen (Divisions- etc. Aerzte) zurück. Zugleich wurden für das Aufrücken der jüngeren Aerzte folgende Bestimmungen getroffen: Der Unterarzt 2. Kl. rückt in die 1. Kl., sobald er die Prüfung pro praxi medica abgelegt und 1 Jahr tadelfrei gedient hat. (Vom Jahre 1854 an, von wo ab die Prüfungen auf Staatskosten stattfanden, wurden nur *die* Unterärzte 2. Kl. zugelassen, welche in der chirurgischen Prüfung die 1. oder 2. Censur erhalten, volle 4 Jahre Medicin studirt, 1 Jahr tadelfrei gedient hatten und sich verpflichteten, ausser der ihnen obliegenden Dienstpflicht noch 1 Jahr länger zu dienen). Der Unterarzt, welcher promovirt ist, rückt schon nach ½ Jahr in die 1. Kl., und nach einem vollen erhält er den Charakter eines Oberarztes 4. Kl. Der Unterarzt 1. Kl., welcher nicht promovirt ist, darf nach Ablauf eines 2. Jahres sich um Zulassung zur Prüfung für den Charakter eines Oberarztes 4. Kl. bewerben. Die dienstliche Stellung eines charakterisirten Oberarztes oder Assistenzarztes ist diejenige eines Unterarztes; er hat nicht die Gebührnisse eines Offiziers, insbesondere keinen Diener zu beanspruchen, welcher dem wirklichen Oberarzt 4. Kl. (Assistenzarzt), der bei der Truppe (nicht Feldhospital oder Ambulance) Dienst leistet, gebührt (K. M. V. v. 29. August 1858 und vom 20. Juni 1859 führen dies weiter aus). Zur Beförderung in die höheren militärärztlichen Stellen muss ein Oberarzt 4. Kl. wenigstens ein volles Jahr an der chir.-med. Akademie als Oberarzt assistirt und eine höhere Prüfung gut bestanden haben. Für die Versetzung zur Akademie aber ist es nöthig, dass der Bewerber, wenn er nicht promovirt hat, 4 Jahre im Heere gedient hat, auch 2 Jahre zu einem 2. Kurs als Unterarzt befehligt gewesen ist und die Prüfung[1]) zum Oberarzt 4. Kl. gut bestanden hat.

Die Uniform des Sanitätskorps wurde nun eine einheitliche, und erhielten insbesondere die Unterärzte an den Mützen statt der Brigade-Nummern silberne Kronen und statt der Degen Säbel. (K. M. V. v. 12. December 1851).

Eine weitere Folge der Errichtung des Sanitätskorps war es, dass dem Generalstabsarzte die Strafgewalt eines Bataillons-Kommandanten und den Oberärzten 1., 2. und 3. Kl. in selbstständigen Stellungen diejenige eines Kompagnie-Kommandanten übertragen wurde (K. M. V. v. 7. Juli 1854).

Ferner erhielten 1859 die Oberärzte 3. Kl. den Oberlieutnantsrang, den diejenigen 2. Kl. bereits hatten, und die wirklichen Assistenzärzte oder Oberärzte 4. Kl. zu ihrem Lieutnantsrange den noch fehlenden Stern auf die Epauletten.

Die Jahres-Gehälter der Militärärzte stellten sich von 1861 ab wie folgt: der Regiments- und der Brigade-Stabsarzt 1000 Thaler, der Bataillonsarzt 1. Kl. 600 Thl., derjenige 2. Kl. 500 Thl., der Assistenzarzt, welcher nun an die Stelle des bisherigen Unterarztes trat und keinen Diener erhielt, 300 Thl. mit Quartiergeld und Ortszulage eines Lieutenants.

So mächtiger Vorschub auch durch die Gründung des „Sanitätskorps" der weiteren Vervollkommnung des Sanitätsdienstes geleistet wurde, so blieb doch dem Heere die Abneigung übrig, jenen jungen Aerzten, von welchen die meisten noch aus der chirurgisch-medicinischen Akademie und somit zum Theil aus der Barbierstube hervorgegangen waren, den Eintritt in *alle* Offiziersrechte zu bewilligen. Diese vorsichtige Vorenthaltung, unter der natürlich die auf Gymnasium und Universität Gebildeten mit zu leiden hatten, und die vor Untergang der genannten Akademie völlig begründet war, bezog sich besonders auch auf die Nichtgewährung eines Burschen an Assistenzärzte, welche zumal bei Unternehmungen des Heeres in

---

1) Diese Prüfung bestand in einer Clausurarbeit über zwei naturwissenschaftliche und eine anatomisch-physiologische Aufgabe, sowie in einer dreistündigen mündlichen Prüfung.

das Ausland, fühlbar wurde. So wurde auch den Assistenzärzten, welche sich 1863 an der Execution nach Holstein betheiligten, kein Bursche gegeben, „da diese Aerzte unter der Zahl der Krankenwärter, soweit solche hierdurch nicht ihren eigentlichen Dienstverrichtungen entzogen würden, unter den Train- und Reserve-Mannschaften, sowie unter den Genesenden Hilfe finden möchten" (K. M. V. v. 24. October 1863). Zur grössten Befriedigung dagegen gereichte es, auch den jüngsten Aerzten, als noch während der Execution sämmtlichen Regimentsärzten der Majors- und den Bataillonsärzten I. Kl. der Hauptmannsrang verliehen wurde.

Für das Aufrücken vom Assistenzarzte zum Bataillonsarzte wurde unter dem 1. Nov. 1865 ein Regulativ (vgl. S. 135) erlassen, nach welchem zu diesem Zwecke folgende Bedingungen zu erfüllen waren: Der Assistenzarzt muss promovirt und die Staatsprüfung abgelegt, eine mindestens 5jährige Dienstzeit im activen Heere zurückgelegt, die für die Bezirks- und Gerichtsärzte im Lande bestimmte Prüfung vor dem Landes-Medicinal-Kollegium bestanden, die Empfehlung der ihm vorgesetzten Oberärzte und seiner Kommandobehörde für sich und endlich vor einem Ausschusse von Militärärzten eine Prüfung über operative Chirurgie und Kriegshygiene bestanden haben.

Die Gründung des norddeutschen Bundes war von Haus aus und nur vorläufig der Stellung des sächsischen Sanitätskorps nicht günstig. Nicht nur, dass die in vielen Hinsichten werthvolle Sanitätskompagnie verschwand, auch die Aerzte wurden in ihren bisherigen Offiziersrechten geschmälert. In Preussen machte man von jeher einen sehr strengen, auch äusserlich scharf markirten Unterschied zwischen „Personen des Soldatenstandes" und „Beamten"; und da man dort zu letzteren die Aerzte zählte, so wurden auch die sächsischen Militärärzte in eine ausgesprochene Beamtenstellung zurückgedrängt, wozu noch kam, dass die sächsischen Oberstabsärzte von nun an nur zum Theil den Majorsrang behielten. Die hellblaue Uniform wurde mit einer dunkelblauen, der Hut mit dem Helme, der Sanitätssäbel mit dem Infanteriesäbel, und die silbernen Epauletten wurden mit goldenen vertauscht. Die letzteren aber hatten nicht mehr einen gemusterten, sondern einen glatten Halbmond, und die Achselstücke waren goldene, später silberne und so genau mit denen der Offiziere übereinstimmend.

Die neue Beamtenstellung der Aerzte dauerte glücklicherweise nicht lange. Denn schon unter dem 20. Februar 1868 erschien eine (norddeutsche) Organisation des Sanitätskorps, kraft welcher die Aerzte „Personen des Soldatenstandes" wurden, das Sanitätskorps *neben* die Offiziere der Armee gestellt und obendrein allen Stabsärzten der Rang der jüngeren Oberstabsärzte d. h. der Hauptmannsrang verliehen wurde. Der Etat der sächsischen Militärärzte schloss nach einer sächsischen Ausführungsbestimmung vom 31. Dec. 1868 ein:

```
       1 Generalstabsarzt
       4 Oberstabsärzte mit Majors - Rang       und 1300 Thlr. Gehalt
      13       =           = Hauptmanns - Rang   =  1100    =    =
       6 Stabsärzte         =           =        =   800    =    =
       7      =             =           =        =   600    =    =
      12      =             =           =        =   500    =    =
      18 Assistenzärzte   = Premier-Lieutn.-  =  =   360    =    =
und   31         =        = Seconde-    =     =  =   300    =    =
```
Summe: 92 Aerzte.

Die einzelnen Rangstufen der Aerzte sind in den verflossenen 25 Jahren, und zwar von 5 zu 5 Jahren betrachtet, nach den Ranglisten, wie folgt, vertreten gewesen:

Jahrgang	Generalstabsarzt mit Oberstlieutenants-, seit 1870 Generalarzt mit Oberst-Rang	Oberstabsärzte mit Majors-Rang	Oberstabsärzte mit Hauptmanns-Rang	Stabsärzte mit Hauptmanns-Rang	Stabsärzte mit Premier-Lieutenants-Rang	Assistenzärzte mit Premier-Lieutenants-Rang	Assistenzärzte mit Seconde-Lieutenants-Rang	Summe
1863	1	1	9	7	10	0	71	99
1868	1	12	5	9	17	0	48	92
1873	1	4	13	27	0	17	14	76
1878	1	8	11	26	0	19	9	74
1883	1	10	10	35	0	21	8	85
1888	1	11	10	39	0	14	7	82

Die wichtige Frage, ob sich in dem 25 jährigen Zeitraume, in welchen die einschneidendsten Verfassungsveränderungen des sächsischen Heeres fallen, das Avancement, dieser wesentliche Bestandtheil militärischer Stellung, für die Aerzte verbessert hat, ist ziemlich gleichbedeutend mit der Frage: wann der höchstmögliche Rang — und das ist, da man ohne erheblichen Rechenfehler von der einzigen generalärztlichen Stelle absehen darf: der Majorsrang — relativ d. h. im Verhältniss zur Summe der *vorhandenen* Aerzte am stärksten vertreten gewesen ist. Im Jahre 1863 hatten wir 1 Proc., 25 Jahre später 13,4 Proc. Aerzte in Majorsrang — Verhältnisszahlen, welche keiner Erläuterung bedürfen.

Nahe vor der Gegenwart ist zum Schluss zweier anderweitiger Ereignisse zu gedenken, welche beredtes Zeugniss dafür ablegen, dass man an maassgebender Stelle den militärischen Werth eines tüchtigen Sanitätskorps nicht nur begriffen, sondern auch in hohem Maasse schätzen gelernt hat. Das erste Ereigniss, welches ich meine, ist die unter dem 24. October 1872 verordnete Einführung von *Chefärzten* in die Friedenslazarethe, durch welche die letzteren unter Aufhebung der Lazareth-Kommissionen, der Leitung von Chefärzten unterstellt worden sind, so dass nunmehr das militärische, ärztliche und administrative Personal des Lazareths den chefärztlichen Befehlen Folge zu leisten hat, und das hilfsärztliche Personal, die Lazarethgehilfen und Krankenwärter, sowie auch in gewissen Grenzen die Beamten und Apotheker der chefärztlichen Disciplinargewalt unterliegen (vgl. §§ 1 und 11 der vorerwähnten Verordnung).

Dieser hochwichtigen Neuerung folgte auf dem Fusse die würdige Stellung, welche den Aerzten mit der neuen Sanitäts-Ordnung vom 6. Februar 1873, unter ausdrücklicher kaiserlicher Anerkennung der militärärztlichen Verdienste im Feldzug 1870/71, gewährt worden ist und sich vornehmlich darin ausspricht, dass die in Offiziersrang stehenden Aerzte nunmehr auch den Namen „Sanitäts-*Offiziere*" tragen, und dass das Sanitätskorps nicht mehr allein Aerzte, sondern wie ein Truppenkörper: Offiziere, Unteroffiziere (Unterärzte und Lazarethgehilfen) und Soldaten (Krankenwärter) umfasst.

Dieser Allerhöchste Entschluss hatte die Bedeutung, dass er, indem er das Sanitätskorps zwar in seiner militär*dienstlichen* Abhängigkeit von den Waffen mit Recht beliess, doch in *persönlicher* Beziehung den Aerzten den ihnen gebührenden Ehrenplatz im Heere anwies, auf welchem sich das Sanitätskorps weiterhin, nachdem sich der erste Schritt bewährt haben würde, zur in sich selbständigen *Truppe* herauszubilden habe.

So sehr auch der militärische Geist im Allgemeinen Neuerungen abhold zu sein pflegt, so hat man sich doch in den maassgebenden Kreisen von Haus aus mit der veränderten Stellung der Aerzte als mit einer für das Heerwesen augenscheinlich erspriesslichen Reform wohlwollend befreundet.

Darum darf es das deutsche Sanitätskorps als den Ausdruck einer solchen Gesinnungsart betrachten, wenn ein deutscher Offizier, Major Knorr[1]), unumwunden bekennt: „Das Offizierkorps der deutschen Armee ist stolz darauf, durch diesen Zuwachs in so glänzender Weise vergrössert worden zu sein."

Und so wird auch das sächsische Sanitätskorps seinerseits seine neue ehrenvolle Stellung nur als ein Mittel zu höheren Leistungen für das Wohl des vaterländischen Heeres betrachten dürfen! —

---

1) Vgl. das Werk: „Ueber Entwicklung und Gestaltung des Heeres-Sanitätswesens ect." Hannover 1877. S. 171.

Wort-Register.

Akademie, chir.-med. 90.
Albertverein 113. 125.
Ambulance 111. 112. 137.

Bahre 62.
Bandagentornister 118.
Baracke 57. 58. 60.
Bewegliches Lazareth, s. Feldlazareth.
Bürgerquartier 11.

Cholera 84.
Collegium medico-chirurgicum 39.
Conscription 49.

Defensioner 10.

Etappenlazareth 29. 115.

Feldlazareth 25. 27. 29. 31. 54. 61. 74. 87. 112. 115. 129. 133.
Feldscher 6. 17. 99.
Feldzug 1466 2. — 1631 11. — 1683 13. — 1685—1687 14. — 1741—1742 21. — 1793—1796 24. — 1806 48. — 1812—1813 50. — 1849 (Maiaufstand) 82. — 1864 (Execution in Holstein) 109. — 1866 111. — 1870/71 122.
Fendel oder Fähnlein 10.
Festungsarzt 9.
Fliegendes Spital, s. Feldlazareth.

Garnisonlazareth 33. 86. 103. 132.
Gehalt 4. 7. 19. 42. 43. 98. 100. 102. 104. 139. 141.

Hauptspital, s. Standlazareth.
Heilmittel 69. 121.
Hitzschlag 85.

Instrumente 121.

Krätze 25. 30. 32. 85.
Krankentrage 118. 120.
Krankentransport-Schiff 23. 29.
Krankentransportwagen 7. 31. 120.
Krankenunterkunft 11. 14. 15.
Krankenwärter 103. 117.
Krankenzelt 9.
Kreuz, rothes 9.
Kriegsausrüstung 8. 13.
Kriegslazareth, stehendes, s. Standlazareth.

Landsknechte 3.
Lazarethgehilfen-Tasche 122.
Lungenentzündung 25. 27. 85.
Lungensucht 85.

Medicingroschen 18. 19. 100.
Medicin- und Bandagen-Kasten 119.
Medicinwagen 118.

Oberst-Feldarzt 4.

Pest 14. 16. 33.
Pocken 129.

Rang 17. 42. 43. 45. 99. 101. 102. 103. 104.
Rangliste 105. 124.
Regiments-Feldscher 17. 99.
Reserve-Lazareth 116. 121. 130.
Ruhr 14. 24. 25. 27. 85. 126. 127. 129. 131.

Sanitäts-Kompagnie 137.
Sanitäts-Detachement 115.
Sanitäts-Zug 130.
Skorbut 30.
Spitalfieber, s. Typhus.
Standlazareth 25. 27. 28. 31. 32. 115. 133.
Syphilis 85. 126. 127. 129.

Tripper 85.
Typhus 25. 27. 30. 32. 54. 57. 63. 73. 76. 84. 126. 127. 129. 131.

Uniform 44. 47. 98. 99. 100. 101. 102. 103. 104. 138. 139. 140.

Verbandpäckchen 119.
Verbandplatz 21. 22. 62. 87.
Verbandzeug 121. 122.
Verluste 11. 13. 15. 22. 23. 32. 33. 48. 58. 60. 64. 65. 77. 83. 112. 126.

Wechselfieber 25. 30. 32. 85.
Weiblicher Krankendienst 17.
Werbung 20. 49.

Namen-Register.

Abel 106. 110.
Ahlfeld 124.
Ammon, von 95.
Anders 106.
Anschütz 105.
Aster 56. 58. 59. 60. 62. 64. 67.

Bär 110.
Bardeleben 124.
Barth 110.
Baumann, von 111.
Baumgarten 83.
Becker 124.
Berthier 61.
Beyer 111. 125.
Bodt, von 34.
Böhme 111.
Boerhaave 20.
Braune 76.
Braune, W. 124.
Benndorf, H. M. 125.
Benndorf, M. E. 111. 124.
Bennewitz 105. 110. 125.
Berndt 105.
Braunschweig 3.
Brause 125.
Brode 125.
Brückner 111. 124.
Bucher 82.
Burkert 110.
Butter 82.

Carus 89.
Cerrini, von 50. 51. 53. 54. 55. 56.
Choulant 91. 95. 96.
Christner 110. 125.
Clarus 58. 72.

Credé 124.
Curth 109.

Degner 105.
Delitzsch 125.
Dieterici 125.
Dietrich 110.
Diettrich, W. O. 106.
Dietze 110.
Dommer 111.
Donau 110. 125.
Druschky 124.
Dutschmann 110.

Ebert 66.
Ehrhardt 111.
Eichenberg 105.
Elb 125.
Escher 125.
Evers 85.

Facilides 124.
Facinus 125.
Fedotoff 106. 110.
Febrmann 105.
Feige 125.
Ficinus 89. 95.
Fischer 125.
Flechsig 124.
Fleischbauer 110.
Fränzel 83.
Fraislich, von 22.
Francke 95.
Frenzel 106.
Freymuth 124.
Freytag 105. 110.
Fritsch, von 111.

Fritze 24.
Frölich 110. 125.
Fronsperger 4.

Gasch 55.
Gehema 16.
Geisler 17.
Georgi 86.
Glöden, von 37.
Gnoll 109.
Götze 82.
Goldschmidt 124.
Gräfe, C. F. 41.
Gräffe 83.
Graf 106. 110.
Grenser 95.
Gross 71.
Grossmann 105.
Günther 39. 41.
Günther, A. F. 95. 98. 109. 111. 113.
Güntz 125.
Gurlt 12. 79.

Haan 89.
Haase 95.
Hacker 110.
Hähnel 35. 41. 43.
Häschke 110.
Hardrath 105.
Hartenstein 125.
Hauck 105.
Hauffe 105.
Haupt 125.
Hecht 124.
Hedenus 41.
Heinze 82.
Helbig, E. 110.
Hellge 124.
Hennecke 125.
Hennicke 105. 109. 124.
Hennike, Graf von 39.
Herberg 110. 111.
Herberger 106.
Herfort 34.
Heyland 9.
Hildebrand 33.
Hoeckner 116.
Höppner 106.
Hoernig 124.

Hoffmann, von 65.
Hofmann 124.
Hofmann, von 38. 39. 40. 43.
Holtzendorff 53.
Holtzendorff, Graf v. 100.
Holzapfel 36.
Homilius 83.
Homilius, G. F. E. 109.
Hommel 62.
Horn 106. 110.
Hubert 110. 124.

Jacobi 125.
Jacobsen 82.
Jähne 125.
Joseph 124.
Jurack 105. 110.

Kämnitz 124.
Käppler 124.
Kaulfers 125.
Keiler 82.
Kiessling 110.
Klahre 105.
Kleinpaul 110. 111.
Klemm 125.
Klepl 125.
Klien 110. 125.
Knöfel 90.
Knorr 142.
Koch, W. H. O. 106.
Köhler 111.
Körzinger 105.
Kötschau, von 21. 22.
Kox 83.
Kracht 9.
Krause 125.
Krause, J. H. 110.
Krauss 105.
Krebs 82.
Krebs, C. F. M. 105.
Kretzschmar, Samuel 41.
Kreysig 95.
Küchler 109.
Kündiger 110.
Küstner 82.

Lange 124.
Larrey 48. 58.
Laurin 106.

Namen-Register.

Lehmannbeer 110. 125.
Lenk, F. A. L. 105. 109. 111.
Leo 110.
Leopold, A. 124.
Liebers 105.
Liebmann 124.
Lindner, H. 106.
List 105. 110.
Löffler 126.
Löwel 110. 125.
Lommatzsch 111.
Lorenz 41.

Mancke 106. 110. 124.
Matheis 55.
Meding 94.
Mehlhos 124.
Mejo 110.
Meissner, E. B. 109.
Meltzer 64.
Merbach 95.
Metzradt, von 111.
Meuder 21.
Meye 124.
Meyer 75.
Meyer, A. B. 109.
Meyer, A. H. 110. 124.
Michalsky 110.
Michauk 111.
Miloradewicz 55.
Moldau 110.
Montbé, von 48. 82. 83.
Moreau 62. 63.
Morgenstern 13.
Mossdorf 124.
Müller 82.
Müller, A. 124.
Müller, Albert 125.
Müller, Albin 124.
Müller, C. A. 16.
Müller, H. 125.

Naumann 83.
Naundorf 111.
Needon 85. 110. 125.
Neid 41.
Neumann 82.
Niebergall 110. 124.

Ochernal 125.
Odeleben, von 51. 53. 54.

Odier 50.
Oehme 125.
Ohle 89.
Osterloh 125.
Otto 43.

Pahlisch 62.
Pech 83. 94.
Pertz 67.
Petrinus 110.
Pfolspeundt 3.
Pfotenhauer 105. 111. 124.
Pierson 125.
Pietzsch 34.
Pietzschke 124.
Pitschel 39. 41. 43.
Pleissner 111.
Pless, Fürst 125.
Pohland 105. 110. 124.
Pohmer 105.
Poppe 110.
Prengel, C. F. 124.
Prengel, C. L. 110. 125.
Putzer 105.

Radius 102.
Raschig 24. 43. 89. 98. 101.
Reichel 125.
Reichel, E. L. 105. 110. 124.
Reichenbach 94.
Reil 67. 71.
Richter 124.
Richter, A. L. 7.
Richter, G. A. 76. 77.
Richter, H. E. 95.
Rietschler 124.
Rockow 34.
Röber 33.
Rommel, von 7.
Rossberg 125.
Roth, W. 98. 122. 124. 126.
Rottka 111.
Rudolph 109.
Rutowsky, Graf 21. 22. 35.
Rust 76.

Sachsse, S. H. 110.
Sahlfelder 98.
Sander 76.
Sauer 124.

Schaab 105. 109.
Schady 109. 124.
Schalle 110. 124.
Schelzel 124.
Schicker 105.
Schimpff, von 111.
Schlesier 110. 125.
Schletter 125.
Schlieben, von 111.
Schmidt, B. 124.
Schmidt, C. A. 110. 125.
Schneider, C. F. 105. 110. 111.
Schön 85. 98. 101.
Schön, A. 111.
Schreyer 125.
Schrickel 55.
Schubert 125.
Schubert, R. E. 105. 110.
Schulze, R. W. 106.
Schwark 125.
Schwarze 110.
Schwarzenberg, Fürst 55.
Seidel 105.
Seiler 89. 91. 95.
Siegel, E. A. 83. 105.
Sieghardt 110.
Sievers 75.
Sittner 106.
Sonnenkalb 125.
Springmühl 112.
Starck 33.
Stecher 125.
Stein, von 67.
Stieglitz, von 111.
Strenger 110.
Stumme 82.
Sturm 124.
Suckow, von 53.

Tanner 110. 111. 124.
Thieme 124.
Thiersch 124.
Thilemann 59.
Tietz 124.
Tillmanns 124.
Tischendorf 110.
Trautvetter 109.
Troitzsch 82.
Trum 110.

Uhle 105. 110.
Uhlemann 106. 110.
Ullrich 105.
Unruh 124.
Urwan 124.

Viek 125.
Vogelgesang 110.
Voigt, C. A. 105.
Voss, von 78.

Walther-Lehmann 124.
Walther und Cronegk, von 37. 38.
Wassermann 21. 22.
Weber, von 124.
Weber, G. B. 105. 110. 111.
Wehrhan 124.
Weinhold 124.
Weinhold, K. A. 41. 75. 89.
Weinlig 89.
Weissleder 82.
Wessneck 83.
Wunder 106.
Wustromirsky von Rockittnigk 33.
Wylie 62.

Zechner 82.
Zenker 95.
Ziegler 110. 124.
Zimmer 110.
Zimmermann 110.

www.ingramcontent.com/pod-product-compliance
Lightning Source LLC
Chambersburg PA
CBHW030339170426
43202CB00010B/1176